Dados Internacionais de Catalogação na Publicação (CIP)
(Câmara Brasileira do Livro, SP, Brasil)

Lourdes Catherine (Espírito).
  Amar também se aprende / [pelo espírito Lourdes Catherine ; psicografado por Francisco do Espírito Santo Neto]. -- Catanduva, SP : Boa Nova Editora, 2013.

ISBN 978-85-99772-99-7

1. Amor 2. Autoajuda 3. Espiritismo 4. Perguntas e respostas 5. Psicografia I. Espírito Santo Neto, Francisco do. II. Título.

13-06134   CDD-133.93

Índices para catálogo sistemático:

1. Amor : Mensagens psicografadas : Espiritismo 133.93

AMAR TAMBÉM SE APRENDE

1ª edição
Do 1º ao 20º milheiro
20.000 exemplares
Julho/2013

© 2013 by Boa Nova Editora

Capa
Direção de arte
Francisco do Espírito Santo Neto
Designer
Juliana Mollinari

Diagramação
Juliana Mollinari

Revisão
Paulo César de Camargo Lara

Coordenação Editorial
Júlio César Luiz

Todos os direitos reservados. Nenhuma parte desta obra pode ser reproduzida ou transmitida por qualquer forma e/ou quaisquer meios (eletrônico ou mecânico, incluindo fotocópia e gravação) ou arquivada em qualquer sistema ou banco de dados sem permissão escrita da Editora.

O produto da venda desta obra é destinado à manutenção das atividades assistenciais da Sociedade Espírita Boa Nova, de Catanduva, SP.

1ª edição: Julho de 2013 - 20.000 exemplares

Instituto Beneficente Boa Nova
Entidade coligada à Sociedade Espírita Boa Nova
Av. Porto Ferreira, 1.031 | Parque Iracema
Catanduva/SP | CEP 15809-020
www.boanova.net | boanova@boanova.net
Fone: 17 3531.4444 | Fax: 17 3531.4443

FRANCISCO DO ESPÍRITO SANTO NETO
DITADO POR LOURDES CATHERINE

AMAR TAMBÉM SE APRENDE

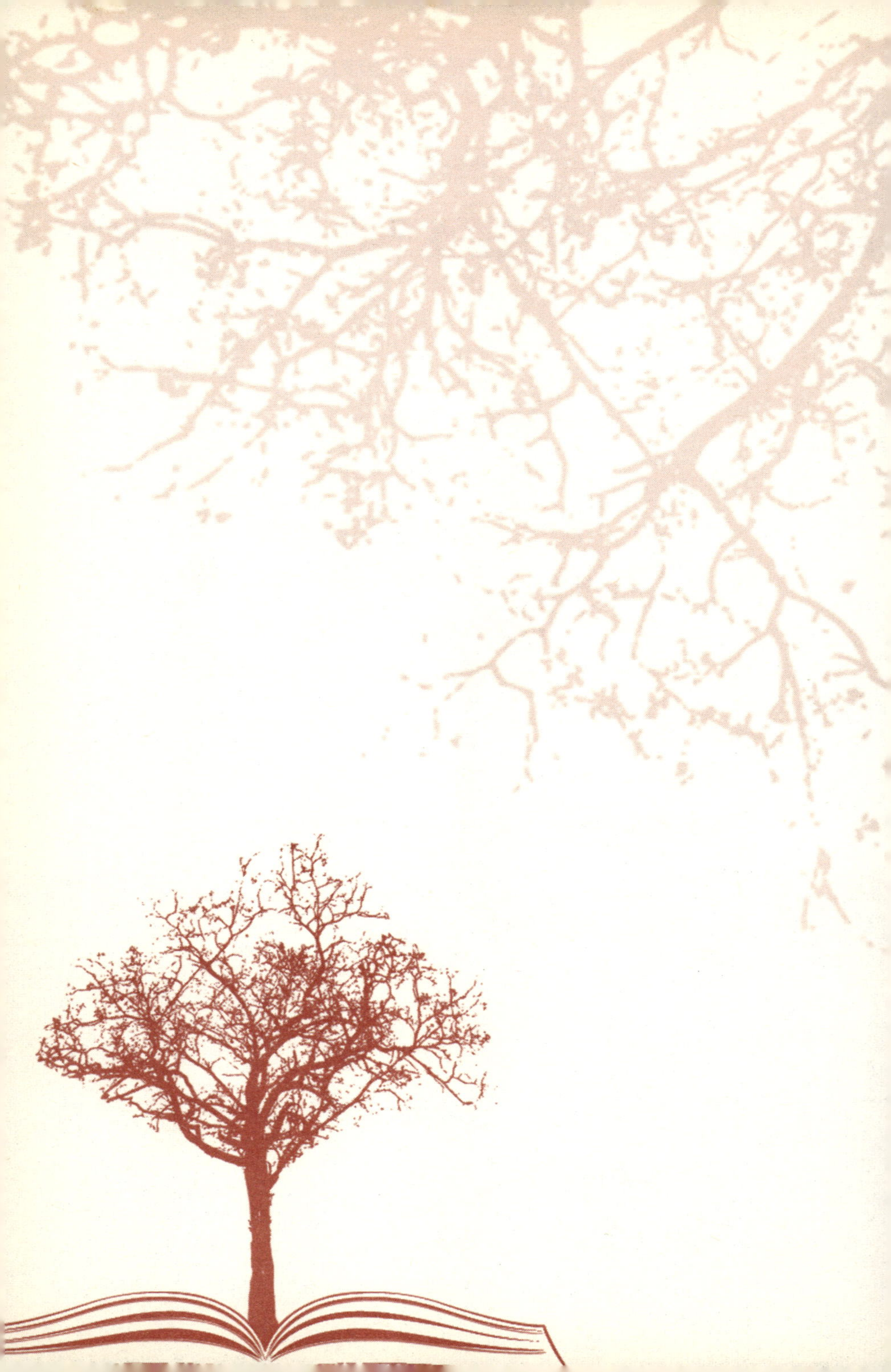

"Quanto mais um homem pertence à posteridade – em outras palavras, à humanidade em geral – tanto mais estranho é ele aos seus contemporâneos; pois não se destinando o livro a eles por essa condição como tal, mas apenas por fazerem parte da humanidade em geral, não é encontrado em seus trabalhos nem um pouco daquele colorido local familiar que lhes serviria de atrativo."

(Schopenhauer, Dores do Mundo, Edições de Ouro)

SUMÁRIO

- PALAVRAS DO MÉDIUM 19
- APRESENTAÇÃO – Na Escola do Amor 25
- INTRODUÇÃO – Aprender a Amar 33

I – SOBRE O AMOR

- Como a senhora define o amor? 40
- Sendo assim, explique-nos: o que é o amor-essência? 40
- Amor, então, é essa atração que existe em todos os seres vivos? 41
- Usar a palavra amor de forma trivial pode levar a equívocos? 42

- Romance é só para os jovens? 43

- Na homossexualidade há amor? 44

- É comum confundir hermafroditismo com homossexualismo? 45

- Amar transcende a morte física? 46

- Como viver um amor maduro? 47

- Como a senhora definiria o amor de Jesus Cristo?48

- Qual a similitude entre amor e caridade? 49

- Ama-se de verdade somente uma vez na vida?. 50

- O que é o amor platônico? 51

- Como é a atividade do amor entre as criaturas desencarnadas? 52

- Como definir o amor na amizade? 53

- Como deveriam se portar os pais diante do amor pelos filhos? 55

II – O QUE É AMAR?

- O que é amar?... 58

- Na convivência entre duas ou mais pessoas, o que sustenta a relação: o amor por si só ou a forma de tratamento que se dá entre elas? 59

- Então o amor precisa ser cultivado, ter um tratamento especial e uma atenção cuidadosa?....... 60

- A senhora poderia dar uma boa indicação sobre como cuidar de uma relação afetiva? 61

- Para que haja felicidade conjugal, é preciso que ambos os parceiros queiram as mesmas coisas, reajam e pensem da mesma maneira?..................... 63

- Podemos ser felizes sozinhos? 63

III – EVOLUÇÃO E GRADAÇÃO DO AMOR

- O que é e onde nasceu a ideia das metades eternas?...68

• O amor na Antiguidade tinha diversas conotações?.. 69

• Qual a etimologia da palavra Ágape? O que ela quer dizer?... 70

• No livro "Conviver e Melhorar", a senhora utilizou em muitas de suas páginas o simbolismo das flores – um código floral usado na França do século XVII para presentear as pessoas, decorar praças e residências. De onde advêm esses conhecimentos?.. 72

• A senhora poderia usar uma dessas figuras de linguagem para falar sobre o amor?...................... 73

• No livro "Estamos Prontos", de Hammed, ele faz um estudo sobre as raízes da conduta humana. O que a senhora poderia dizer sobre o amor nesta visão antropológica e/ou etológica?................ 75

IV – ALGUNS BENEFÍCIOS DO AMOR

• É verdade que quando nos apaixonamos todos os males são curados?... 80

• Qual o lado saudável das discussões em que cada um defende pontos de vista contrários?........... 81

• Como adquirir paciência em nossos relacionamentos? 81

• Paciência e perdão são sinônimos?................ 83

V – SOBRE A CONSTITUIÇÃO HISTÓRICA DO AMOR

• Não só hoje, mas sempre, tem-se falado muito a respeito do "amor romântico". A senhora poderia dizer algo sobre isso? 88

• De onde provém a gênese do amor romântico? 90

• O que é amor cortês?...................................... 91

• Entendemos, portanto, que antigas concepções sobre o amor servem de degraus para as novas? 93

• Se por certo tempo os atuais conceitos do amor deram estabilidade ao mundo afetivo, é possível que os porvindouros produzam um choque de gerações ou conflito de hábitos, levando os homens à chamada "crise de valores" na área do amor? 94

• E sobre o choque de gerações ou conflito de hábitos? 96

• Então, a atual "desestruturação" na área do amor seria um retrocesso ao primitivismo, ou uma crise que nos levará ao crescimento e amadurecimento evolutivo? 98

• É por essa razão que muitos de nós somos seres inconscientes não só do "passado reencarnatório" como também daquilo que podemos chamar de "passado cultural"? 100

• Diante dessa explicação, a senhora poderia dizer qual a influência da mitologia greco-romana, dos mitos e lendas da Idade Média sobre os conceitos do amor na atualidade? 102

• Como a senhora poderia interpretar tal simbologia de Eros? Como compreender o significado de cada ícone emblemático utilizado nessa figura lendária? 103

VI – SOBRE O DESAMOR E SUAS RAÍZES

- A senhora poderia falar-nos algo sobre o ciúme? 108

- Algumas pessoas que dizem amar livremente, não são na verdade dependentes afetivas?...... 108

- O que quer dizer codependente?................. 109

- Então é comum codependência nas relações amorosas? 111

- Quando temos uma forte antipatia por alguém, isso se explica como fato reencarnatório?...... 112

- Por que a carência afetiva faz com que nos unamos "ao primeiro ser que aparece"? 113

- Por que nunca admitimos que fomos nós que nos enganamos na escolha afetiva? 114

VII – SOBRE OS REVESES NAS RELAÇÕES HUMANAS

- O que é idealização amorosa? 118

- O que quer dizer paixão cega? 119

- Por que as pessoas costumam dizer "não tenho sorte no amor"? 120

- A senhora pode nos apontar as raízes da relação que estabelecemos entre amor e dor? 121

- Há alguma probabilidade de mudarmos o outro? 122

- Como nos livrar do medo de amar? 124

- Há "vida" após a desilusão amorosa? 125

- O que fazer quando a relação afetiva nos faz mal? 126

- A senhora não acha que essa atitude estimularia o divórcio? 127

- O que quer dizer resiliência afetiva? 128

- Até quando sofrer na relação que causa devassidão e desapontamento? 129

- O que é fusão de papéis no relacionamento afetivo? 131

- Numa discussão na vida a dois, o grito é apenas falta de argumento? 131

- Quando se perpetua a violência doméstica? 133

- Num casal, sempre existe aquele que ama mais que o outro? 134

- Afirmam algumas pessoas: "se este amor é obsessão, quero amar-te mesmo assim". O que a senhora pode dizer sobre isso? 135

- Qual a diferença entre a obsessão passional e a espiritual? 136

- ORAÇÃO DO APRENDIZ DO AMOR 139

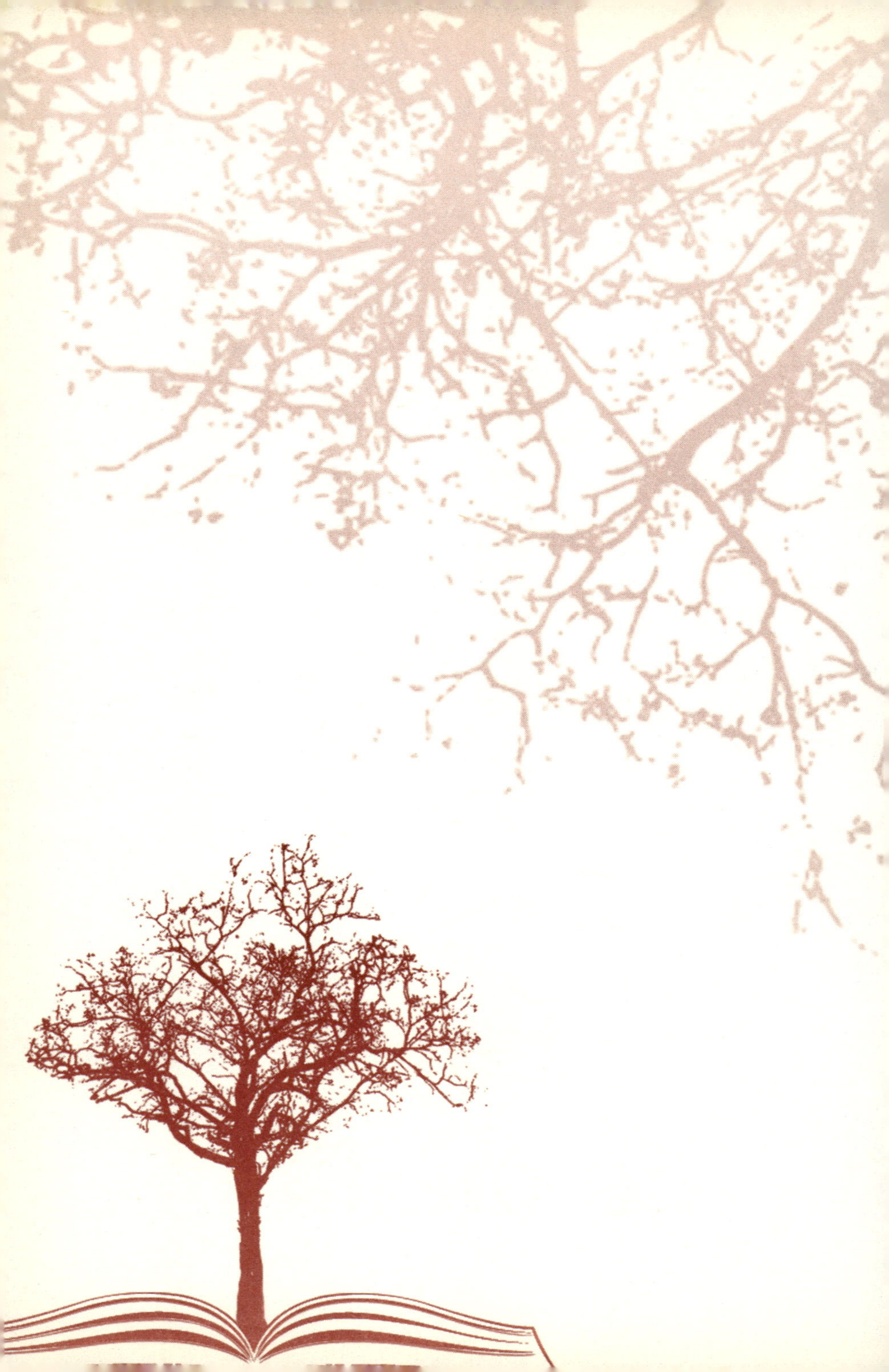

Palavras do médium

No início dos anos 90, começamos a estudar e a pesquisar sobre o AMOR com um grupo de amigos e frequentadores da Sociedade Espírita Boa Nova. Estudávamos livros não espíritas sobre o referido tema e, igualmente, fazíamos relações com as obras da Codificação.

Naquela época tínhamos como premissa que amar não é sofrer, e que temos direito de ser felizes o quanto possível ainda encarnados na Terra. Hoje isso é óbvio, mas há 20 anos era para muitos uma atitude antidogmática ou antidoutrinária.

As reflexões e as observações dos estudos me trouxeram grande discernimento e alegria à alma e, ao mesmo tempo, amargura e decepção pelas dissidências na Casa Espírita. Para muitos, o mergulho nas lições do amor é uma ameaça, pois escancara nossos conflitos sexuais e amorosos que queremos esconder até de nós próprios.

As divergências ocorridas na época muito me entristeceram, mas continuei com a empreitada não me deixando intimidar com as atitudes coercitivas que tentavam nos impedir de entender, de crescer e de pensar por nós mesmos.

Li certa vez na "Flama Espírita de Uberaba" que Chico Xavier disse: "O que posso fazer? Estamos numa doutrina de livre opinião. Devo prosseguir trabalhando. O meu compromisso é com os espíritos... Não pretendo ser líder de nada."

No decorrer de mais de trinta anos nas tarefas da mediunidade, recebendo centenas de mensagens psicografadas, exercitando a psicofonia, a audição e a vidência, sempre tive por hábito endereçar perguntas de todo gênero aos nossos benfeitores espirituais, igualmente no que se refere ao amor e aos vínculos com nossos semelhantes.

Há anos apresento questões a Lourdes Catherine, de maneira especial as que fazem menção ou referência às relações afetivas.

Nossas indagações inspiraram nossa amiga espiritual à formação desta obra que responde a perguntas feitas outrora por mim e a perguntas atuais. E o assunto não pode ser dado por encerrado, pois há ainda muitos esclarecimentos a serem feitos e muitas questões ainda não respondidas, cujas respostas espero um dia receber.

Assim originaram as páginas deste livro: são textos dirigidos a todos que queiram revisar sua vida afetiva, seus conceitos de amor e fazer dos sentimentos experiências satisfatórias.

Certa vez nos disse Hammed: "Precisamos estabelecer espaços internos de reflexão para melhor entendermos o amor, perceber vínculos afetivos e discernir até onde se justifica lutar ou não por eles. Enxergar as coisas como são sem vieses de esperanças ingênuas e infantis".

No nosso simples entender, classifico este livro não como otimista, nem como pessimista, mas acima de tudo, realista.

Francisco do Espírito Santo Neto

Catanduva, 14 de fevereiro de 2013.

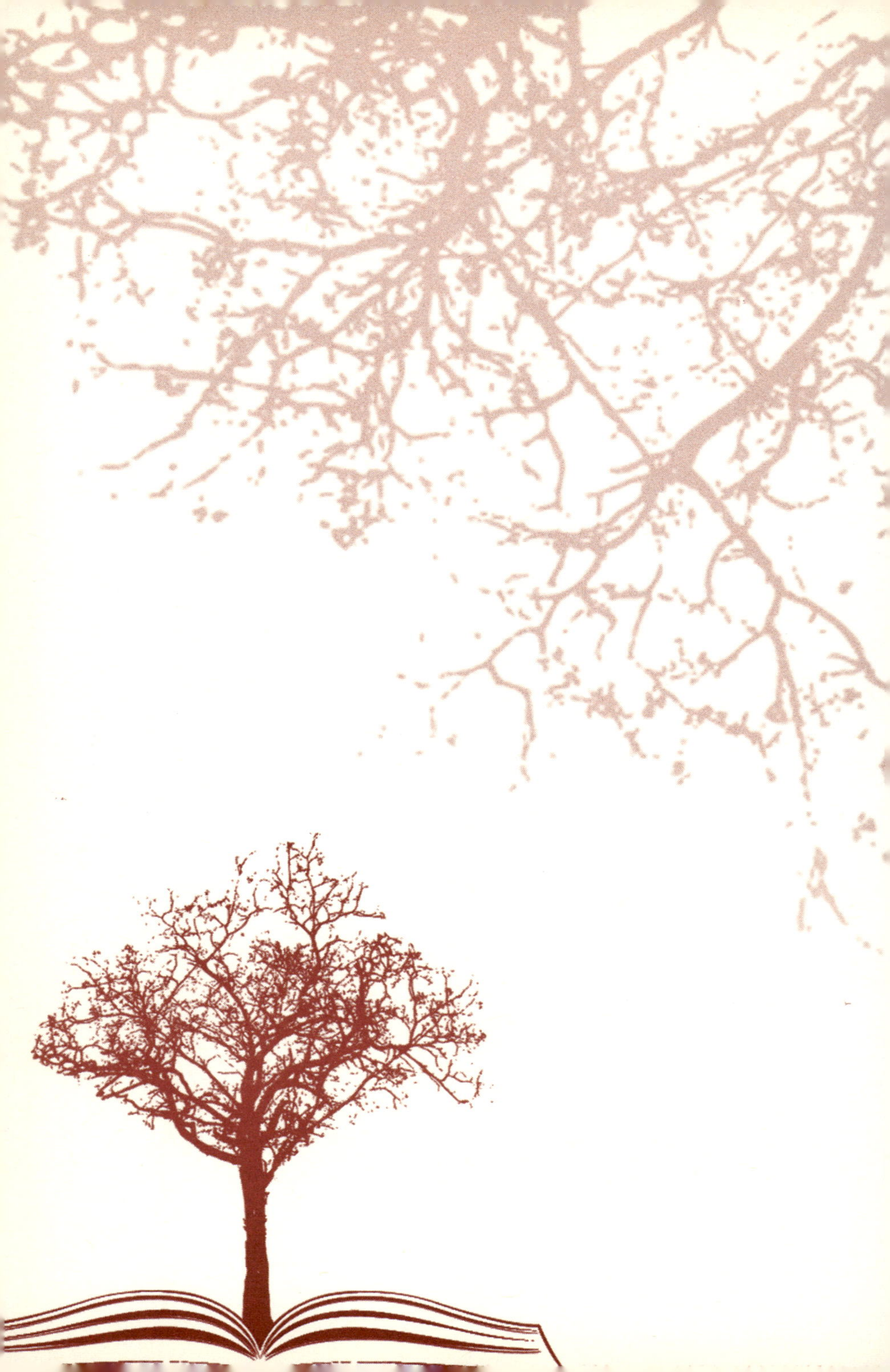

Apresentação

Na escola do amor

Leitor amigo

Importante seria que todos nós percebêssemos o planeta Terra como imensa escola de amor e, igualmente, que nos reconhecêssemos na condição de espíritos humildes, órfãos de amor, vivendo uma espécie de miopia espiritual, e que soubéssemos o quanto ignoramos a força e os mistérios que envolvem nosso potencial amoroso.

O "mal de amor", também representado pelos "melodramas", passou a ser descrito ao longo do tempo como algo charmoso de se sentir; o "estresse romântico" passou a ser normal e plenamente essencial na comunhão dos sentimentos. Essa crença enraizou-se de tal maneira em nossos valores pessoais e culturais, que nos levou a aceitar de modo absoluto que é necessário e bom sofrer por amor.

É obvio que sabemos dos benefícios do sofrimento como aprendizagem evolutiva e transformação interior. Porém, é bom que se saiba que, aqui, estamos nos referindo ao culto extremista da "sina dolorosa" que há nas relações afetivas.

Essa mentalidade passou a ter força de expressão e acumulou no curso dos séculos vasto material, que proporcionou temas e assuntos aos poetas e compositores, literatos e romancistas, bem como legitimou a muitos indivíduos que, por sofrerem muito, também amaram muito. Aliás, é interessante observar: nem sempre quem muito sofreu, muito amou; ou também, nem sempre quem muito amou, muito sofreu.

A principal finalidade deste livro é mostrar a necessidade da prudência ou vigilância, pois até mesmo o mais sublime dos sentimentos – o amor – precisa ser reaprendido, reestudado e utilizado na proporção certa. Para amarmos, precisamos dar tempo ao tempo e, com naturalidade, deixar de lado a precipitação e o deslumbramento, mantendo o coração lúcido e aberto.

A autora espiritual, Lourdes Catherine, responde a inúmeras questões que sugerem ideias e pré-requisitos para resolvermos as dificuldades encontradas em nossos relacionamentos.

Tudo é "amor-essência" e nada existe que não seja manifestação ou expressão dessa energia sublime. As contradições e desilusões amorosas só acontecem no nível da persona, em que o desenvolvimento da consciência é baixo, seu impulso é elementar e, por isso, pode levar a interpretação equivocada da energia amorosa, o que redundaria em afetações do sentimento, ou seja, sentimentalidades.

O amor autêntico nasce no âmago da alma e produz união e unidade. Porém, quando canalizado por indivíduos involuídos, atravessa seus sentidos psíquicos periféricos, podendo sofrer distorções e, por consequência, apresentar-se como desunião e divisão.

Os denominados "pecados capitais" são fases naturais da evolução terrena, estágios por onde transitam todas as criaturas em crescimento espiritual, que aprendem a empregar e a decodificar as vigorosas energias inatas existentes em cada um de nós. Por isso, o que chamamos de "pecados" nada mais é do que inabilidade evolutiva para decifrarmos ou desvendarmos as forças naturais que transitam em nós. Podemos apresentar de modo figurado algumas más interpretações do amor:

O amor mal-avaliado se oculta de orgulho.

O amor mal-empregado se oculta de avareza.

O amor mal-intencionado se oculta de luxúria.

O amor mal-conduzido se oculta de ira.

O amor malgovernado se oculta de gula.

O amor maldizente se oculta de inveja.

O amor mal-acostumado se oculta de preguiça.

Estejamos convencidos de que quanto mais compreendermos o amor, mais rapidamente sairemos desses "pântanos sentimentaloides" tão recorrentes em nossas vidas afetivas, nutridos por tradições religiosas e sistemas culturais obsoletos.

Pela sensibilidade e habilidade de escutar, pela aptidão de se comunicar, pela riqueza de mundo mental e pela profundeza e sublimidade com que tratou os temas aqui expostos, congratulamos Lourdes Catherine.

Ao definirmos o amor podemos correr o risco de limitá-lo. Porém, é bom que se saiba, ele não escraviza nem subjuga. O amor real emancipa, libera-nos e livra-nos das dependências. Espero que as páginas deste livro possam proporcionar aos leitores esse mesmo resultado.

Hammed

Catanduva, 8 de fevereiro de 2013.

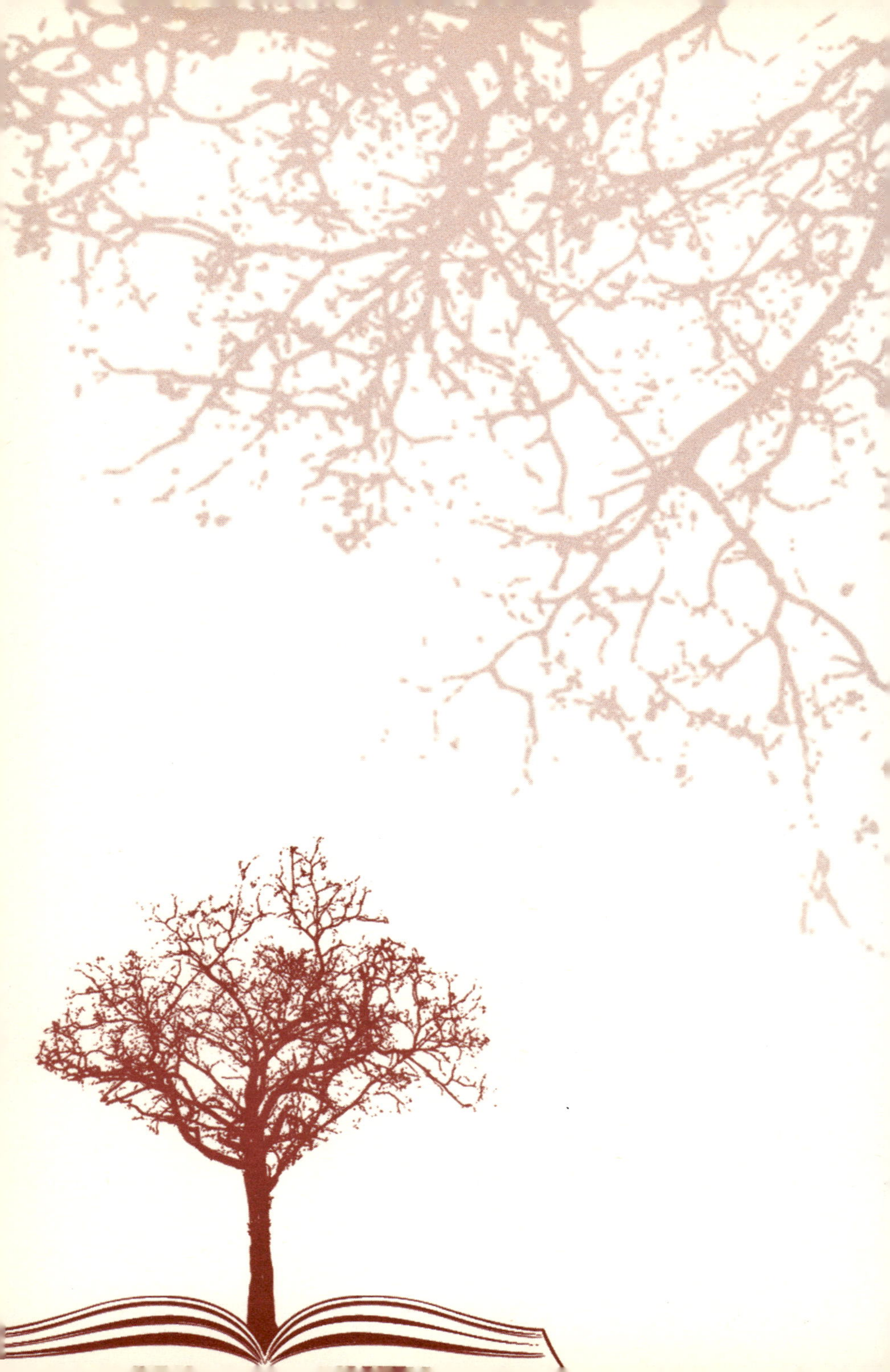

Introdução

Aprender a amar

Corações amigos, as anotações que agora lhes oferecemos do Mundo Espiritual, reunidas neste modesto livro, foram escritas tão-somente com o propósito de acordar a todos aqueles que estão adormecidos diante da grandeza do amor.

Encorajar a todos, à luz da doutrina do Evangelho Restaurado, que é o Espiritismo, o despertamento da própria transformação interior constitui, sem dúvida, a finalidade maior da existência.

Devemos partir das primícias de que há certas lições a serem retiradas dos erros do amar, senão vamos passar inúmeras encarnações repetindo-os, como insetos que se debatem estouvados nas vidraças das janelas, impossibilitados de perceber que, embora o vidro seja transparente, não se pode atravessá-lo.

Sobre o amor nunca se terá dito tudo e em nenhuma circunstância se terá escrito o suficiente, pois amar é um eterno aprendizado. Portanto, jamais nada será definitivo quando se trata deste sentimento.

A disciplina do amor não se aprende em livros. Não é preciso fazer pós-graduação, mestrado, doutorado ou especialização na área do amor, pois só se aprende a amar amando. É preciso utilizar nossa natureza experimentadora, pois as experiências ensinam sempre mais que aconselhamentos e enciclopédias.

A atual tecnologia televisiva e, igualmente, a internet – rede de computadores dispersos por todo o planeta – tem a função de nos unir, ligar e instruir, no entanto ficamos cada vez mais afastados de nós mesmos e dos outros. Esquecemos que o melhor convívio entre os seres humanos é a reciprocidade de coração com coração, e isso depende do contato pessoal, do âmago.

Por mais estranho ou paradoxal que possa parecer, esses inventos destinados a nos aproximar das pessoas e a nos comunicar com elas são responsáveis pelo distanciamento e pela falta de interação social.

Há muito distanciamento, frieza e desamor no mundo. A maioria dos contatos são físicos e egoísticos. Não obstante, apesar de vivermos em um clima de ansiedades, frustrações, fadiga, ambições, egoísmos, há ainda no coração de cada ser humano muito amor para ser compartilhado.

As águas do grande rio da Vida passam e continuarão deslizando diante dos olhos humanos, levando consigo nossas horas, dias, semanas, meses, anos com suas atribulações transitórias, desgastes energéticos, apegos familiares, vaidades, passatempos frívolos e gastos desnecessários... Tudo é levado pela correnteza da existência e do tempo e, gradativamente, tudo vai se resumindo a grãos e à poeira que a ventania leva e faz desaparecer. Lembremos, contudo, que só o amor vivido, compartilhado e disseminado é que sobreviverá.

Jesus deixou uma carta de afeto para a humanidade – o Evangelho – para que a movimentação humana não se perdesse nas sombras da própria ignorância.

Paulo de Tarso foi imensamente sábio quando aconselhou "... que vosso amor cresça cada vez mais no pleno conhecimento e em todo o discernimento."[1]

O amor é a defesa da alma, mas para que cresça é necessário constante conhecimento e que seja clarificado pelo discernimento. De nada vale a luz da inteligência, se o coração permanece na escuridão.

Lourdes Catherine

---

[1] Filipenses 1:9.

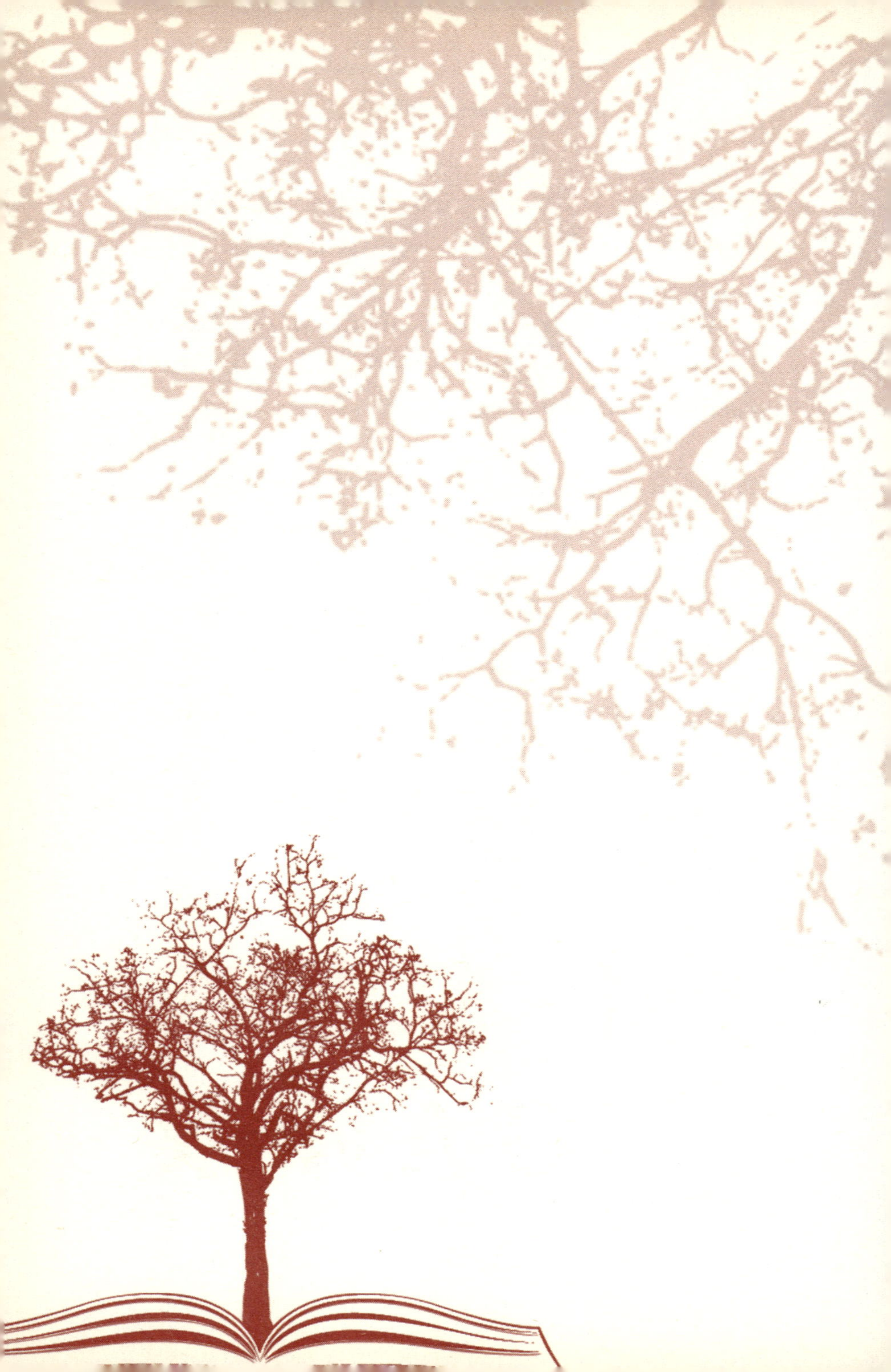

I - SOBRE O AMOR

Como a senhora define o amor?

É imperioso esclarecermos que há inúmeras formas de enfocar o amor, e nós nos reportaremos a ele como a "essência divina", energia que emerge de nossa natureza mais profunda: a Onipresença Celeste que vige em todos e em tudo.

Sendo assim, explique-nos: o que é o amor-essência?

Fazendo referência às flores e a seus aromas, poderíamos designar o "amor-essência" como o perfume do Criador que exala em toda parte.

Amor é a energia divina que envolve todas as coisas existentes no Universo, a amorosidade que permeia tudo e está presente em todos. Metaforicamente, o amor é o sopro d'Ele, penetrando o cosmo infinito.

O amor é a lei da vida e, sob a sua pujança, as criações e todas as criaturas se unem a Deus, e n'Ele se dá a execução do plano grandioso da integração universal.

É importante lembrar que, em um nível incomensurável, tudo se mantém sob a supervisão da Ordem Divina.

Amor como sinônimo de "essência" é a unidade à qual se referia Jesus: "Naquele dia conhecereis que estou em meu Pai, e vós em mim, e eu em vós"[1].

Todo amor emana da Divindade, criando e nobilitando a vida, desde a indigência do charco até a magnitude do céu estrelado.

Amor, então, é essa atração que existe em todos os seres vivos?

Observando ao nosso redor o reino mineral, o vegetal, o animal e os seres humanos, encontraremos essas atrações nos mais diferentes níveis existenciais. Trata-se inicialmente de uma forte

---
[1] João 14:20.

atração-afeição dos sentidos físico-periféricos que constituem as primeiras fases da energia do amor. Essa energia se desenvolve e se aprimora em cada estágio da existência, de acordo com o grau evolutivo das criaturas.

Veremos que essas distinções precisam ser feitas porque eliminamos certas incoerências ou contradições; existe uma dessemelhança entre amor no "nível corpóreo" – periférico – e amor no "nível transcendental" – unidade essencial.

Gradativamente, melhoramos nossa concepção sobre o sentimento do amor; morre a carne, mas a alma nasce novamente, aprimorando conceitos e expandindo a consciência. É da terra putrefata que nascem os lírios perfumados.

Usar a palavra amor de forma trivial pode levar a equívocos?

Quando usamos a mesma palavra para coisas diferentes, podemos ter uma impressão errônea do que se quer dizer realmente. Usamos habitualmente a expressão amor para designar satisfação dos sentidos ou dos instintos.

Quase sempre as criaturas, em sua maioria, ficam embaraçadas nas teias de pretensões pessoais oriundas de seu personalismo, não se dando conta de que estão presas a conceitos sentimentalistas e românticos que não lhes permitem ver a essencialidade dos sentimentos.

A expressão amor livre, na verdade, se contradiz, pois amor por si só já é livre; o que não é livre é amor-possessividade. Prazer além da conta é desengano fatal, porque reclama da vida desejo exagerado.

Romance é só para os jovens?

De modo algum! Para amar não dependemos dos anos, e sim da disposição íntima e do temperamento. Algumas criaturas já nascem velhas, outras jamais envelhecem. A propósito, escreveu madame de Sévigné: "O coração não tem rugas", e nós acrescentamos: a alma não é idosa. Quando nos referimos à idade do espírito, queremos dizer maturidade.

O idoso que conserva suas faculdades naturais e cultiva vivos seus interesses pode se tornar, com o passar do tempo, ainda mais rico para amar. Neste caso, idade é um estado mental, pois os anseios joviais devem sempre estar voltados para possibilidades de otimismo, alegria e realização pessoal.

Cada idade tem o seu encanto. A vida tem suas fases e épocas e cada uma tem sua razão de existir e de ser. As rugas e as dificuldades do idoso não são motivos para excluí-lo do amor, pois o amor não tem barreiras.

Envelhecemos quando não mais brincamos no jogo da vida; quando fechamos o coração para as inovações e desafios de uma ligação romântica. O amor não envelhece, está sempre renascendo.

Na homossexualidade há amor?

Certamente que sim. É um enorme desafio amar e confessar amor numa sociedade em que a maioria não aceita as diversidades e quer impor aquilo em que acredita como certo ou errado.

A desaprovação dos outros é uma atitude brutal de intimidação, jamais uma razão lógica e suficientemente forte para banir da própria alma o que de fato se é.

Negar o amor por qualquer razão e da mesma forma não conceder aos outros tudo aquilo que se tem de melhor para dar é privar-se da felicidade. Afirmam os julgadores que quem não ama corretamente irá padecer nos infernos, e nós dizemos que quem não ama já vive num verdadeiro inferno.

É comum confundir hermafroditismo com homossexualismo?

Na mitologia grega, Hermafrodito era um deus grego, filho de Hermes e Afrodite, seu nome deriva da união dos nomes dos pais. Ele representa a fusão dos dois sexos e não tem gênero definido. Teria nascido um menino extremamente bonito, que se transformou posteriormente num ser andrógino por haver se unido à ninfa Salmacis que, segundo a lenda, teria invocado os deuses para nunca mais separá-los. Seu desejo foi concedido, e seus corpos se misturaram numa forma intersexual.

Dado isso, tende-se a pressupor que os andróginos sejam invariavelmente homossexuais, o que não é verdade, uma vez que a androginia apresenta características ou comportamento imprecisos, entre masculino e feminino, ou que tem, notavelmente, características do sexo oposto. Já no homossexualismo a criatura sente atração e/ou mantém relação amorosa e/ou sexual com indivíduo do mesmo sexo. Desse modo, pessoas andróginas podem se identificar como homossexuais, heterossexuais, bissexuais ou assexuais.

Amar transcende a morte física?

Quem tem fé na imortalidade da alma torna-se detentor de novos olhares e, mais que isso, de magníficos olhares de esperança e de amor que duram infinitamente. Esse olhar contempla além da linha do horizonte da morte e ultrapassa a destruição celular.

Transcender quer dizer ter consciência de que somos muito mais do que acreditamos ser. Acreditar que estamos participando de um projeto universal e dar-nos conta de sua vital importância nos coloca desde já no plano transcendental. Ter uma "rosa dos ventos" que nos indique um propósito cósmico, nos faz fortes e nos dá um sentido de vida incontestável.

A tragicidade da morte física não é o ponto final, mas o recomeço em novas páginas, num outro livro existencial.

Para as almas que amam verdadeiramente, não existe adeus, e sim até breve. Para estas, a morte não provoca alteração ou mistério, pois o amor encontra no poente da vida humana uma maneira diferente de ser.

A morte não as intimida: elas regressam em novo berço e se reencontram em outra vida.

Como viver um amor maduro?

Parafraseando a palavra inspiradora de Madre Teresa de Calcutá em torno do que é amar, poderíamos dizer que o amor maduro solicita:

"Não me ame pela beleza, pois um dia ela se acaba.

Não me ame por admiração, pois um dia você se decepciona.

Ame apenas...

Pois o tempo nunca pode acabar com um Amor sem explicação!"

Como a senhora definiria o amor de Jesus Cristo?

A meu ver a conceituação do benfeitor Hammed constitui a síntese perfeita do amor do Mestre quando ele analisa a questão de "O Livro dos Espíritos" – Qual o verdadeiro sentido da palavra caridade como a entendia Jesus? "Benevolência para com todos, indulgência para com as imperfeições alheias, perdão das ofensas"[1].

---
[1] O Livro dos Espíritos - questão 886 - Boa Nova Editora.

Diz Hammed[2]: "Se substituirmos na definição as palavras 'benevolência', 'indulgência' e 'perdão' por 'amor/respeito', compreenderemos realmente esse sentimento incondicional do Mestre por todas as criaturas.

'Amor/respeito para com todos', 'Amor/respeito para com as imperfeições alheias', 'Amor/respeito aos ofensores': essas são as regras básicas do amor cristão.

Caridade é amor, e não há amor onde não houver 'profundo respeito' aos seres humanos".

Qual a similitude entre amor e caridade?

Ambos são estados de alma. Assim como a juventude ou a velhice não são uma época da existência terrena e sim um estado de espírito, a pobreza ou a riqueza são igualmente um modo íntimo de ver a vida. Com características idênticas,

---

[2] Renovando Atitudes - Cap. Os Olhos do Amor - Hammed - Boa Nova Editora.

a felicidade ou a infelicidade não são, respectivamente, uma época boa ou ruim da existência, mas um estado de graça (que independe dos fatos circunstanciais).

Ama-se de verdade somente uma vez na vida?

Este é mais um mito ou crença reducionista que afeta muitas pessoas: "o amor só acontece uma vez na vida".

Podemos ter amado – de verdade – o primeiro amor, mas isso não significa que não poderemos amar muitas pessoas ao longo da vida, de formas melhores e completamente distintas. Crer que apenas seremos capazes de amar outros indivíduos tal e qual "aquele primeiro afeto" é ficar encarcerado a uma época que não existe mais, sonhando um fato que não mais voltará a acontecer.

Não nascemos com uma dose única de amor, pois ele não é um sentimento que se esvai com o tempo. Se pensarmos que só temos capacidade amorosa para um grande amor e que tudo o que vier depois serão fragmentos ou resquícios, perderemos o sentido existencial, pois viver das lembranças do passado é uma infeliz escolha para viver o momento presente.

Como já dissemos, o problema não é o amor, mas a maneira como aprendemos a amar.

O que é o amor platônico?

O amor platônico é, na acepção usual, a ligação amorosa entre duas pessoas sem aproximação sexual. Ele é considerado único, completo, detentor de todas as boas qualidades e sem defeitos.

De acordo com Platão, o amor verdadeiro não deseja a outra pessoa, pois a identificação está no intelecto; refere-se a algo que seja perfeito, mas que não existe no mundo real, apenas no mundo das ideias.

Apenas a ideia do amor basta por si só, ela já é suficiente; não há necessidade de se tornar tangível e, por isso, a criatura não sofre. Pelo contrário, ela evita o amor físico conscientemente, pois sabe que, quando o amor se concretiza, ele deixa de ser equilibrado e pleno; uma vez realizado, ele se manifesta como uma cópia do ideal, e toda cópia, segundo Platão, é imperfeita e deve ser evitada.

Sentimento platônico, que vive às zonzas e atordoado, não passa de uma fantasia com sofrimento prolongado.

Como é a atividade do amor entre as criaturas desencarnadas?

Depois da morte física, os espíritos que atingiram um grau superior no entendimento de amar, reúnem-se numa sintonia comum onde transitam suas energias amorosas. Vivem numa espécie de aliança onde suas forças geram novas expressões de aperfeiçoamento e progresso para o reino do amor.

De outro lado, os espíritos primitivos continuam

rotineiramente gastando suas forças amorosas em excessos e desgastes improdutivos, buscando não a profundidade do amor, mas sim, a intensidade.

A intensidade amorosa tem como finalidade o prazer fisiológico; a profundidade é o êxtase que transcende a sensação carnal.

A criatura que ama com profundidade também sente os regozijos físicos, porém sabe que é orgânico, passional e volátil. A estabilidade do amor não só depende do ardor epidérmico, mas, acima de tudo, do prazer do coração.

Entre os espíritos aprimorados e os primitivos, há milhões de criaturas inconscientes do amor, viajando da grosseria da animalidade para a coletividade humanizada.

Como definir o amor na amizade?

O envoltório físico gera a carne, mas o espírito não produz o espírito.

Nossos amigos são almas irmãs da nossa alma, que nos acolhem diante das dores e compartilham conosco os dias felizes da existência.

Como existem excelentes pensadores largamente capacitados que já se expressaram notavelmente a respeito do amor e da amizade, vamos nos valer do poema de Khalil Gibran[1]: "E um jovem disse, fala-nos da Amizade. E ele respondeu, dizendo: O vosso amigo é a resposta às vossas necessidades. Ele é o campo que cultivais com amor e colheis com gratidão. E é o vosso apoio e o vosso abrigo. Pois ides até ele com fome e procurai-o para terdes paz.

Quando o vosso amigo fala livremente, vós não receais o 'não', nem retendes o 'não'. E quando ele está calado o vosso coração não deixa de ouvir o coração dele; pois na amizade, todos os pensamentos, todos os desejos, todas as esperanças nascem e são partilhadas sem palavras, com alegria."

---
[1] Do livro "O Profeta", Gibran Khalil Gibran, Ed. Martin Claret.

Como deveriam se portar os pais diante do amor pelos filhos?

Os filhos que nos chegam ao lar são criaturas da vida em evolução. Não os superestimem com falsas valorizações. Ensinem-lhes, antes de tudo, que são almas de Deus e que seus corpos derivam do mesmo barro orgânico do qual procedem todos os seres humanos.

Esse é um dos maiores ensinamentos amorosos que todos os pais deveriam dar aos filhos. Amor não quer dizer zelo exagerado e atenção excessiva.

Quem ama e quer ficar com seus filhos deve deixá-los ir. Eles devem seguir suas próprias estradas, não as que os pais imaginaram para eles. As crianças que seguem suas escolhas retornarão sempre para seus progenitores e serão agradecidas por tudo que receberam deles. Os dois maiores presentes que podemos dar aos filhos são raízes éticas e asas de liberdade.

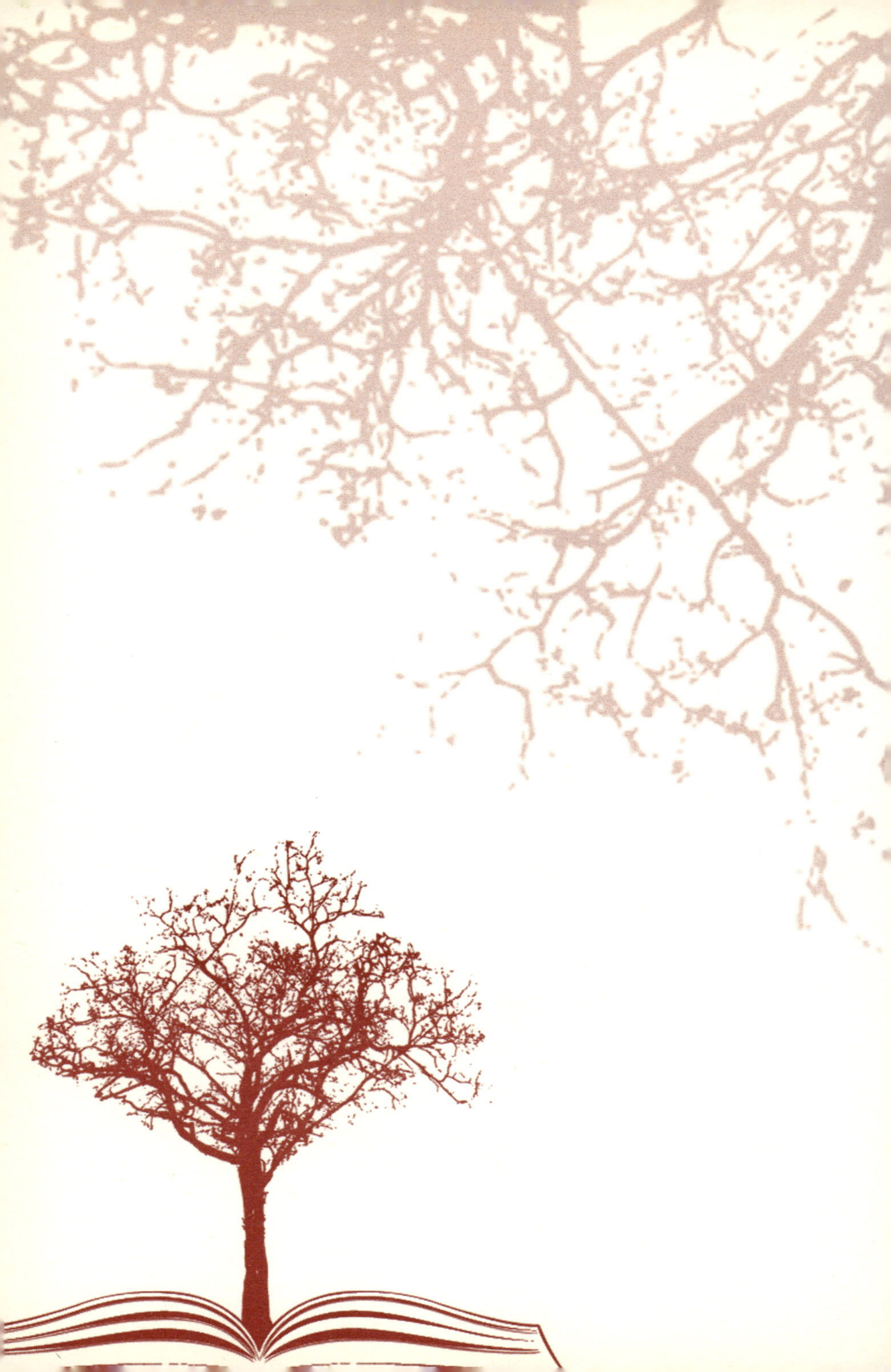

II - O QUE É AMAR?

O que é amar?

Amar é, por excelência, um estado de espírito que nos permite identificar ou reconhecer o divino que há em nós e em tudo. Assim disse Jesus: "Eu e o Pai somos um"[1]. Só começamos a amar verdadeiramente quando temos por certo que todas as coisas fazem parte da filiação divina.

Amar é peregrinar para a unificação interior, construindo a noção plena de fraternidade universal, e isso se faz buscando a unidade com tudo que existe: os irmãos da humanidade, os animais, todos os seres vivos e a própria Natureza.

Amar verdadeiramente não é endeusar nossos amores, pois eles podem se transformar em ídolos de barro. Por vezes, só se encontra o que é verdadeiro após a morte física, quando se constata a causa pela qual se viveu e a razão de como se compreendeu o amor.

---
[1] João 10:30.

Na convivência entre duas ou mais pessoas, o que sustenta a relação: o amor por si só ou a forma de tratamento que se dá entre elas?

Não podemos simplesmente abandonar nossos relacionamentos nos "braços do amor". Por termos uma noção vaga e romântica do que o amor significa, não devemos esperar que ele faça tudo aquilo que nos compete fazer.

Não é o amor por si só que alimenta o vínculo afetivo, mas igualmente a forma de amar, que dá sustento à convivência amorosa. O modo de estabelecer relações com aqueles que amamos é que faz toda a diferença.

As campainhas, flores silvestres, cobrem os bosques como tapetes azuis, florescem ano após ano e por isso significam perseverança e comprometimento, pela sua tenacidade e determinação depois de se fixarem em um jardim. Mesmo quando colhidas, elas apresentam grande persistência, pois não demoram a florescer. Podemos utilizar alegoricamente as campainhas para falar sobre constância e dedicação na vida entre parceiros.

Para que a afeição floresça sempre e mantenha a chama acesa é essencial respeito, carinho e comprometimento.

Então o amor precisa ser cultivado, ter um tratamento especial e uma atenção cuidadosa?

A convivência humana depende de relacionamentos saudáveis, do cultivo do amor, para que ele perdure. Só por empenho e dedicação é que a relação pode ser levada adiante.

O amor humano é frágil; assim, não deve ser exposto às rajadas da eventualidade. Sejamos amáveis, atenciosos, gentis e acolhedores, pois o amor não suporta os trancos das negligências e das grosserias.

Alma querida, o amor precisa ser cultivado

não só por um lado da relação, mas também pelo outro; porém, não te esqueças de que és apenas parte do relacionamento, razão pela qual não deves te "amalgamar" no outro, perdendo tua individualidade.

A senhora poderia dar uma boa indicação sobre como cuidar de uma relação afetiva?

Amar também se aprende. Podemos nascer com o potencial do amor, mas ainda não temos desenvoltura para amar.

Sinteticamente, podemos dizer que precisamos enxergar nossos relacionamentos com olhos de adulto e de criança ao mesmo tempo.

Como adulto, temos de isolar as partes que compõem a relação afetiva em elementos distintos. A partir daí, examiná-lo e avaliá-lo, estudando cada item separadamente e analisando a nossa inter-relação – qual parte é a que nos cabe, qual a que compete ao outro e qual a que pertence a ambos.

Como criança, devemos tentar questionar a relação afetiva como se estivéssemos novamente na "idade dos porquês", período infantil caracterizado por um desejo premente de explicação dos fenômenos e acontecimentos. A criança pergunta o tempo todo, pois tem grande necessidade de compreender os limites e as particularidades do mundo que a rodeia. Ela vê e sente mais do que consegue compreender.

Com essa atitude podemos separar o joio do trigo e com isso distinguir o que é fantasia e o que é realidade na própria vida e na vida da pessoa ao nosso lado.

No amor, mais valem dois pés na realidade do que asas ilusórias de muitos sonhos. Ninguém deixa de se maravilhar diante dos tapetes magníficos das papoulas nos campos europeus. A papoula amortece os sentidos, tem efeito narcótico. Daí o significado metafórico "sono da fantasia" para designar a sensação provocada pelo seu uso. E nada pior do que ficar entorpecido, ou seja, cair em torpor nas relações amorosas.

Para que haja felicidade conjugal, é preciso que ambos os parceiros queiram as mesmas coisas, reajam e pensem da mesma maneira?

O caminho da infelicidade a dois é não admitir as diferenças pessoais e querer estar de acordo com o parceiro o tempo todo.

O medo do abandono é o grande receio entre os cônjuges; portanto, é preciso, acima de tudo, amar – não simplesmente concordar.

Nossa singularidade é composta da diversidade de ideias e opiniões e do modo peculiar de ver o mundo; por isso, o grande mal-entendido entre os parceiros é crer que ambos sejam idênticos.

Quando a individualidade desaparece, chegamos ao ponto de não mais saber o que realmente somos ou o que aprendemos que deveríamos ser.

Podemos ser felizes sozinhos?

Obviamente que sim; podemos muito bem alcançar a completude, a realização pessoal e a felicidade vivendo sozinhos, tendo relacionamentos saudáveis e sem atividades sexuais. A crença da infelicidade para quem tem a "vida a sós" faz com que busquemos amores impossíveis e convivamos com quem não nos convém.

É uma mentalidade equivocada crer que, sem um vínculo matrimonial, a vida não vale a pena ser vivida; ou mesmo que não ter alguém a nossa espera nos deixaria melancólicos.

Não devemos fazer do casamento um ideal para todos, nem uma condição vital para a existência, pois isso desqualificaria todos aqueles que, tachados de antinaturais, não querem ou não se adaptam à vida conjugal.

Devemos evitar julgamentos e condenações; evitemos também querer explicar tudo com nossas crenças religiosas e sociais.

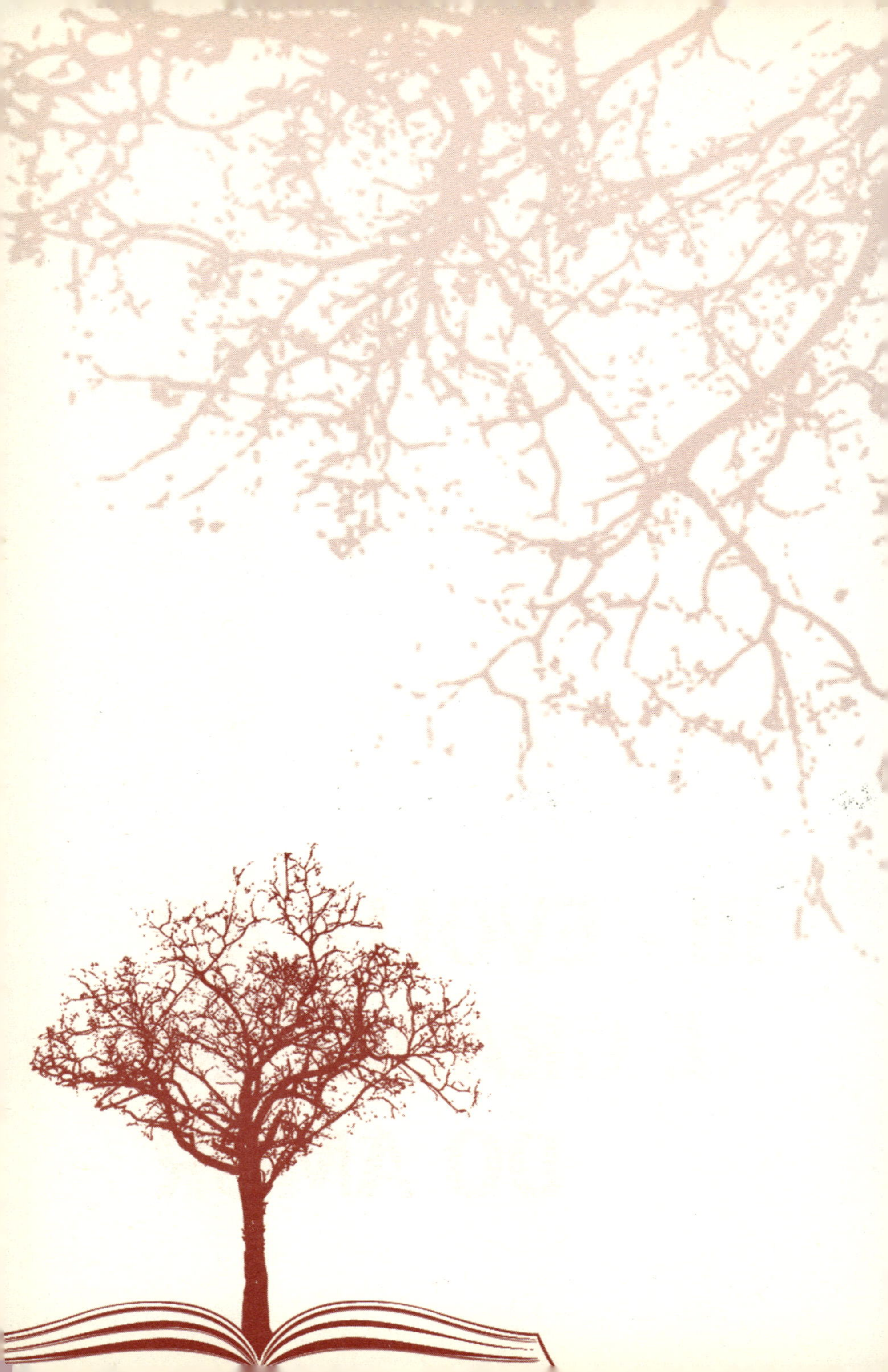

III - EVOLUÇÃO E GRADAÇÃO DO AMOR

O que é e onde nasceu a ideia das metades eternas?

O conceito das metades eternas nasceu na antiga Grécia e percorreu a noite dos tempos. Ideia de alma gêmea tem uma exata relação com a da idealização amorosa.

É a busca imaginária de um ser criado com a finalidade de nos completar e com o qual viveríamos felizes por toda a eternidade; alguém que se encaixa perfeitamente naquilo que em geral chamamos de ser ideal.

Todas essas características muito se assemelham ao amor exclusivista ou narcísico. Narcisismo é a busca irreal para encontrar alguém perfeito, completo e inteiro. Amor narcisista é o daquele que ama o próprio desejo, não o ser desejado.

Desilusão fora não existe, coração amigo; é justamente dentro de nós que mora a verdadeira ameaça.

A mentalidade de fusão é algo tão intensamente arraigado em nós que, às vezes, nem nos damos conta. A crença na união entre dois seres que se completam é o que resume o termo alma gêmea. Nós não encontramos pessoas que nos completam, e sim que nos complementam. São posicionamentos totalmente diferentes.

O amor na Antiguidade tinha diversas conotações?

Como nos dias atuais, a palavra amor presta-se a múltiplos significados, entre eles: compaixão, misericórdia, caridade, inclinação, atração, paixão, querer bem, satisfação, conquista, desejo e libido. O conceito grego igualmente possui várias palavras para amor, cada qual denotando um sentido diferente e específico.

Eros – amor apaixonado – significa amor sensual, amor físico. É a palavra usada pelos gregos para falar sobre sexo. Desta palavra vem a palavra erótica, que hoje significa qualquer coisa que desperte o prazer físico.

Philia – amor lúcido – significa afeição, bem-querer, devoção, amor fraternal. É o sentimento que um irmão tem pelo outro, ou que os amigos experimentam entre si. É o amor que leva uma pessoa a ajudar outra.

Ágape – amor incondicional – significa amor altruísta. Descreve o amor desinteressado de alguém que se dispõe a dar de si mesmo sem nada esperar em troca. É o amor que leva alguém a oferecer o que tem de melhor para socorrer os semelhantes.

Qual a etimologia da palavra Ágape? O que ela quer dizer?

Como já dissemos antes, o amor é palavra com diversos sentidos. Falamos de amor divino, erótico, paternal, filial, platônico, ao próximo, aos ideais e outros tantos.

Ágape (amor fraternal e espiritual, ou seja, isento de segundas intenções, desprovido de malícia e de interesses pessoais), vocábulo grego depois transliterado para o latim, é uma das muitas palavras empregadas na Grécia Antiga para o amor. Esse termo foi usado de maneiras diferentes por uma variedade de fontes, em épocas diversas, nas contemporâneas, e, igualmente pelos autores da Bíblia.

Muitos pensam que essa palavra só representava o amor divino ou incondicional, embora os filósofos gregos nos tempos de Platão, além de outros pensadores antigos, tenham utilizado o termo para demonstrar amor aos membros da família, a pessoas afins ou com inclinação para um ideal particular em grupo.

As madressilvas, flores campestres, possuem perfume doce e suave pela grande concentração de néctar. Geralmente crescem nas campinas e transformam tudo o que as rodeia num lugar de arrebatamento místico devido a seus arranjos florais e fragrâncias delicadas e brandas. Quando florescem, são como o amor ágape: tudo envolvem sem esperar recompensas, jamais esperam a presença de alguém por perto para admirá-las ou apreciá-las. Simplesmente perfumam, cumprindo assim seu destino na Terra. Fazem sem restrição, de forma natural, da mesma forma que o amor ágape faz de modo incondicional. É o amor que não tem reserva alguma, não espera retribuições.

No livro "Conviver e Melhorar", a senhora utilizou em muitas de suas páginas o simbolismo das flores – um código floral usado na França do século XVII para presentear as pessoas, decorar praças e residências. De onde advêm esses conhecimentos?

A inspiração procede não somente desse código floral que continha o simbolismo das flores, mas também das poesias do britânico John Keats[1]. A leveza e o encanto de sua obra em verso costumavam envolver-me em uma aura suave, que

---
[1] Poeta inglês (Londres, 1795 – Roma, 1821). Nota da Editora.

me reconfortava a alma. Esse poeta, bastante influenciado pelos versos gregos clássicos, amiúde se servia dos campos, aromas, flores e árvores em seus poemas.

Outros livros eu consultava com frequência à época de minha última encarnação, pelo gosto que tinha e ainda tenho por flores, poesias e ornamentações florais.

A senhora poderia usar uma dessas figuras de linguagem para falar sobre o amor?

Na mitologia grega, a deusa Clóris transforma em rosa uma ninfa encontrada morta. Clóris (Flora na antiga Roma), considerada a divindade da primavera, que presidia à formação dos jardins e das flores, era cortejada e amada perdidamente por Bóreas (vento do inverno) e por Zéfiro (vento primaveril), que se tornaram rivais. Mas por fim ela acaba escolhendo o último e dele torna-se esposa fiel.

Como sua magia não teria sido perfeita quando metamorfoseou a ninfa em flor, Afrodite, deusa do amor, deu à rosa beleza e cores; e Dionísio, o deus do vinho, o perfume. Por essa razão, as flores da roseira são consideradas o amor por excelência.

A maneira como um buquê ou arranjo floral é feito – consideradas as cores e distribuição de flores, com adornos, laços e fitas – pode figurar conteúdos explicitamente claros da intenção de seus mensageiros.

Mandar rosas aos enamorados ajudou os ingleses a driblar a rígida moral vitoriana, que os impedia de expressar na forma verbal seus sentimentos. Acontece que, socialmente reprimidos, eles passaram a usar ramalhetes de rosas como código, dissimulando seus anseios.

As rosas, diante das ventanias que lhes arrancam as pétalas com brutalidade, retribuem silenciosamente o ato cruel com um perfume sutil e mavioso. Por mais excrementos ou dejetos que lhes depositem aos pés, as roseiras devolvem cada vez mais aos jardins braçadas e mais braçadas de rosas. O amor-essência age assim.

No livro "Estamos Prontos", de Hammed, ele faz um estudo sobre as raízes da conduta humana. O que a senhora poderia dizer sobre o amor nesta visão antropológica e/ou etológica?

O amor qualifica nosso jeito de ser e estar no mundo. Sentimento que, quanto mais compreendido mais se fortalece e amplia. Buscar sua origem – espiritual e cultural – é de vital importância para a concepção do afeto humano. O espírito encarnado, por meio dos processos adaptativos, passou por modificações que o levaram a viver num corpo humanoide com características embrutecidas, ao homem moderno com características mais serenas.

O desenvolvimento humano não foi somente biológico, mas igualmente espiritual e cultural. Toda e qualquer tentativa de estudar a afetividade na humanidade não pode ignorar este fato.

Portanto, para termos um entendimento maior sobre o amor devemos admitir suas origens primitivas, isto é, as primeiras fases pelas quais passamos nos círculos terrenos, desde o antropoide dominado pelo instinto até ao ser humano adaptável culturalmente.

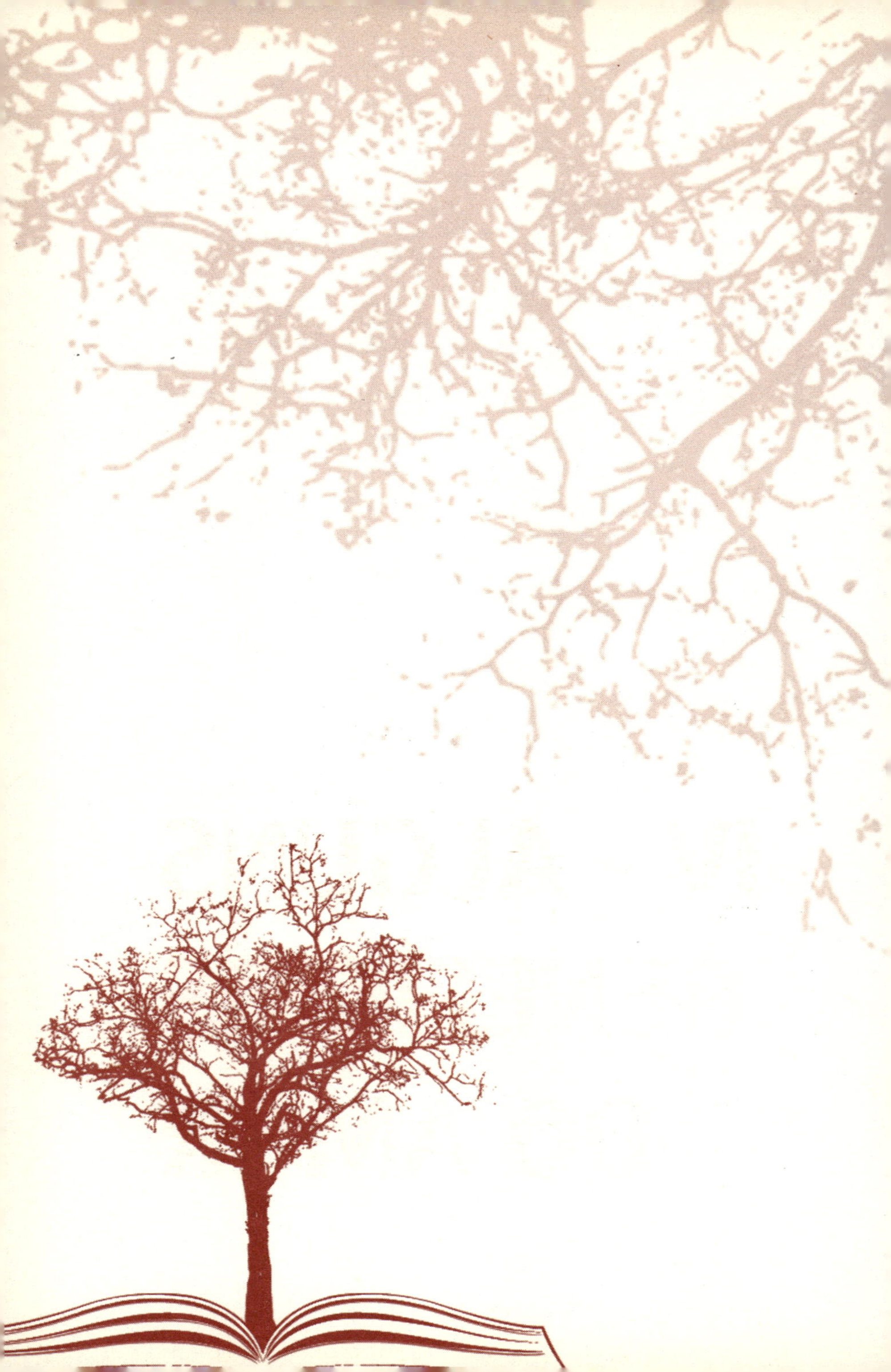

IV - ALGUNS BENEFÍCIOS DO AMOR

É verdade que quando nos apaixonamos todos os males são curados?

Apenas ilusão romântica. No dito popular "o amor é cego", há muito mais verdade do que se pensa.

Alguns estudiosos levantam a hipótese de que pessoas que padecem de um transtorno depressivo, quando se lançam na "química da paixão", sentem uma suposta sensação de alívio e conforto.

A paixão é um potente anestésico; faz com que qualquer outro sofrimento da vida fique anulado provisoriamente. Nesses casos, o vínculo amoroso parece ser uma poção milagrosa que exorciza medos e incertezas imediatamente.

Na realidade, quando amamos verdadeiramente, não ficamos cegos ou insensíveis aos conflitos e inseguranças; ao contrário, nos tornamos mais capazes de ver as coisas tais quais são, percebendo o que muitos não conseguem enxergar.

O amor real não ofusca, ele é a melhor "lente de aumento" que podemos usar para discernir o mundo que nos rodeia.

Qual o lado saudável das discussões em que cada um defende pontos de vista contrários?

Discussões sadias podem ser entendidas como adaptações, convites aos ajustes, revisões de comportamento, avisos de advertência, para que possamos encontrar a distância ideal entre nós e o outro.

Definir limites nos faz situar no ponto certo: nem perto nem longe demais do coração de quem amamos.

Como adquirir paciência em nossos relacionamentos?

O que é paciência? Como defini-la?

Ter paciência não é torturar o próprio coração

perante a desorganização alheia, e sim tentar manter a nitidez emocional quando o outro já a perdeu.

Nossa falta de discernimento intelectual/espiritual não interpreta bem a virtude da paciência. Não devemos confundir a experiência da prática da paciência com o nosso medo e nossa omissão. Enquanto não distinguirmos **autocontrole de repressão**, cairemos no risco de fechar os olhos para coisas que não devem ser toleradas.

Outros conceitos de paciência talvez elucidem melhor o que quero dizer. Segundo o budismo tibetano, paciência é ter aptidão para lidar com o espaço-tempo interno, mantendo a mente limpa, sem os entulhos de insultos e desconsiderações.

Vou substituir a palavra paciência por espaço. Em vez de dizer "preciso ter paciência com os companheiros difíceis", devo afirmar: "preciso criar um espaço entre mim e os companheiros difíceis".

"Criar um espaço" não é banir alguém da sua vida, nem afastar-se para sempre, mas dar-se um tempo para recuperar a autonomia e/ou autogovernar as próprias emoções. Isso retrata bem o que quero dizer sobre paciência.

Paciência e perdão são sinônimos?

Água e óleo, por exemplo, misturam-se mas não se dissolvem. Portanto, não podemos confundir jamais "misturar" com "dissolver". "Paciência" e "perdão" se misturam (têm entre si ligações estreitas), mas nunca se dissolvem (não se desagregam, não se transformam em nova substância).

O caminho depende do lugar a que se quer chegar. Aonde se quer chegar com essa pergunta? Aproprio-me de um sintético diálogo da fantástica história inglesa "Alice no país das maravilhas"[1].

---

[1] "Alice no país das maravilhas" (1865), de autoria do romancista, poeta e matemático britânico Lewis Carroll, pseudônimo de Charles Lutwidge Dodgson (1832 – 1898). Nota da editora.

"Alice – Poderia me dizer, por favor, qual é o caminho para sair daqui?

Gato – Isso depende muito do lugar para onde você quer ir.

Alice – Não me importa muito o lugar.

Gato – Nesse caso, não importa qual caminho você vai tomar".

Quase sempre, podemos usar tanto a paciência como o perdão e atingir o mesmo objetivo que se deseja.

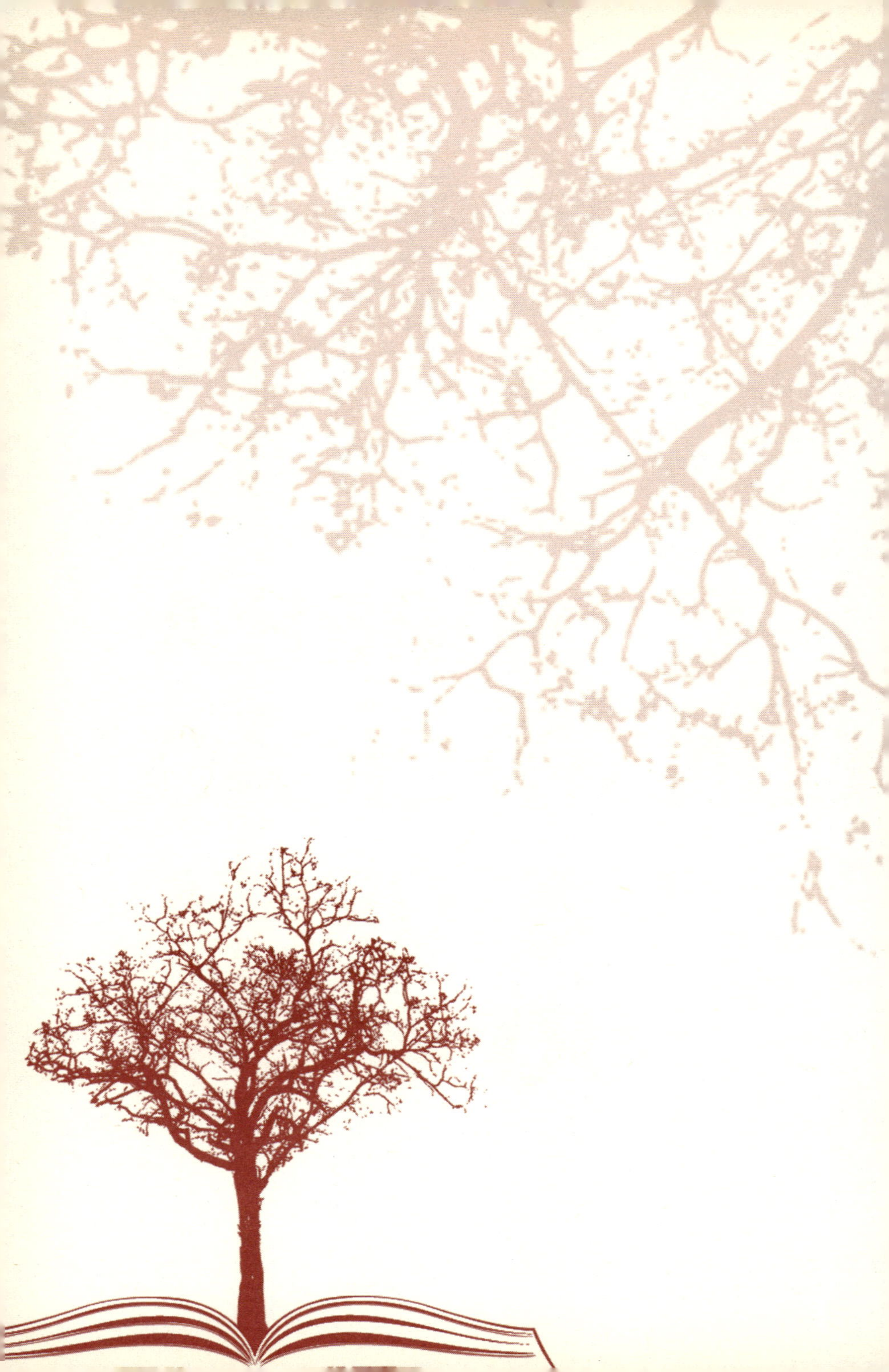

V - SOBRE A CONSTITUIÇÃO HISTÓRICA DO AMOR

Não só hoje, mas sempre, tem-se falado muito a respeito do "amor romântico". A senhora poderia dizer algo sobre isso?

O amor romântico não é só uma maneira de "amar", mas um somatório psicológico – um ajuste de ideais, normas, crenças, atitudes e expectativas. O amor romântico é o maior conteúdo energético dentro da psique coletiva do mundo ocidental.

Na cultura dos indivíduos ocidentalizados, é – mais ainda que a própria religião – o palco em que as criaturas buscam transcendência, perfeição, arrebatamento e significado para a existência.

Nas culturas orientais, como as da Índia ou do Japão, por exemplo, constata-se que os casais se amam com intensa afeição e tranquilidade, muitas vezes com uma devoção e constância desconhecidas por muitos.

Todavia, o modelo deles de amar não é o "amor romântico" como nós o conhecemos. Eles não impõem aos seus relacionamentos os mesmos ideais que estabelecemos, não fazem idealizações e exigências impossíveis, nem alimentam expectativas como muitas criaturas fazem. Obviamente apresentam outras reivindicações, mas não as mesmas da civilização ocidental.

Não podemos esquecer que existem tantas formas de amar quanto há culturas e povos no mundo. Normalmente, temos a tendência de olhar a parte em que vivemos no planeta como única e superior às demais, observando episódios, relações e o ato de sentir, de modo soberano e inigualável. O desafio é contemplar tudo com imparcialidade, sem um olhar preconcebido.

No reino das flores, metaforicamente, linária tem como significado presunção. É uma planta rasteira, de flores amarelas, que se torna facilmente uma praga nos jardins. Não sufoques teu coração com "linárias"; não queiras que teu amor corresponda a tuas fantasias, que realize tuas vontades e desejos preestabelecidos.

Se quiseres prolongar tuas afeições, não permitas que a presunção asfixie teus relacionamentos.

De onde provém a gênese do amor romântico?

O modo como hoje conceituamos o amor possui, sim, uma gênese ou uma história que não surgiu repentinamente.

O ideal do amor romântico manifestou-se entre os séculos XI e XII com a poesia trovadoresca. Os trovadores medievais propiciaram o nascimento de um dos tópicos mais extraordinários na cultura da Idade Média. Provavelmente, esses músicos-poetas estavam no centro de um novo modo de agir, pensar e sentir cujas raízes foram as cantigas de amor; e, a partir daí, apareceu uma nova maneira de amar, influenciando a nobreza nos castelos medievais.

O amor cortês e a poesia trovadoresca deixaram tão marcante sinalizador no repertório ocidental de expressar e vivenciar o amor, influenciando o imaginário da civilização europeia referente à temática amorosa, que frequentemente se apontam os trovadores e cortesãos medievais como a gênese do amor romântico.

Precisamos avaliar e discernir os costumes e valores através dos séculos (fábulas de príncipes e princesas, varinhas mágicas ou flechas do cupido) para compreendermos a nós mesmos hoje.

Alma querida, para amar de fato não é preciso ligar-se a alguém supostamente perfeito. Não existem príncipes nem princesas, ou seja, aquelas imagens com que sonhamos.

Encara as pessoas de forma natural e autêntica, observando suas qualidades, mas sabendo também de seus defeitos. A perfeição não é uma condição fundamental para o amor, mas viver na realidade, sim.

O que é amor cortês?

O amor cortês, uma concepção nascida na Europa medieval, incluía atitudes, costumes, cantos e poesias para exaltar o amor, e motivou vários gêneros de literatura na Idade Média. É uma canção de melancolia transmitida pela tradição escrita e oral, até os dias atuais, por autores na maioria das vezes anônimos.

Tudo indica que ele surgiu nas cortes ducais e principescas das regiões onde hoje se situa a França meridional, em fins do século XI, e que se propagou enaltecendo o "ideal cavalheiresco".

A forma de amor (cortês) consistia em amar a beleza da poesia feita para o ser amado, e não especificamente o objeto de amor que era marcado pela impossibilidade. Sinônimo do amor inatingível do qual o amante teria a satisfação plena na própria alma – sentir amor, por si só, já bastava.

A criatura a quem se amava era apenas uma abstração; vivia-se um amor a distância; os pares não se aproximavam, não se tocavam, faziam corte às escondidas, entre sombras e olhares furtivos. Nos dias atuais, muitas pessoas ainda amam assim.

A razão de ser do amor é ficcional, o referencial é a abstração; o ser se priva da companhia do outro e se fixa em supostas qualidades, enaltecendo aptidões e atributos.

Ocorre frequentemente na adolescência e em adultos imaturos e, principalmente, nos tímidos e introvertidos, que por insegurança ou inibição, sentem maior dificuldade de aproximar-se daqueles que lhes são muito queridos.

Entendemos, portanto, que antigas concepções sobre o amor servem de degraus para as novas?

Acredita-se erroneamente que a atual "forma de amar" sempre existiu em todas as épocas.

Incontestavelmente, todos os seres humanos

possuem esse sentimento natural, espontâneo e universal, desfrutando de uma capacidade instintiva de amar, criar laços afetivos, demonstrar ternura.

Mas o "conceito ou a maneira de amar" da contemporaneidade não existiu desde sempre. Por essa razão, precisamos nos conscientizar de sua historicidade, ou seja, do conjunto dos fatores que constituem a história de um comportamento, de uma atitude.

Tendo em vista que a ideação atual foi armazenada através dos tempos, a relação amorosa como conhecemos agora tem toda uma secular construção social, cultural e religiosa.

Assim como todos os povos elegem suas tradições, seu modo de viver, de sofrer, de se divertir, de morrer, também constroem suas maneiras de amar.

Se por certo tempo os atuais conceitos do amor deram estabilidade ao mundo afetivo, é

possível que os porvindouros produzam um choque de gerações ou conflito de hábitos, levando os homens à chamada "crise de valores" na área do amor?

De tempos em tempos despontam na sociedade incertezas e intranquilidades no campo do afeto e, por consequência, surgem as vozes condenatórias dos intolerantes, austeros e engessados moralmente. Por outro lado, surgem os chamados liberais e progressistas vendo tudo com naturalidade, aceitando com complacência todas as permissividades sensuais e afetivas.

Não podemos ter socialmente uma filosofia de vida e não aceitar suas consequências. É bom lembrarmos que a filosofia atual que vivemos vige entre a lascivo-material e ética-moral e, o que respiramos atualmente é o conflito entre as duas.

Um caminho de excelência não é transformar apenas o campo amoroso, mas sim, todos os campos sociais onde se inala uma atmosfera hedonista, que cria um "caldo leviano" e desenvolve uma cultura de frivolidades, desrespeitos e tumultos sexuais.

Quanto à "crise de valores" na área do amor, será sempre bem-vinda quando abre uma porta abençoada para o autoconhecimento, pois ela nos induz a buscar outros recursos, a rever conceitos e/ou ressignificá-los, lançando uma nova concepção no juízo, no jeito e na forma como vivemos e nos expressamos sentimentalmente.

Não nos esqueçamos, porém, de que a crise é proporcional ao grau evolutivo de cada criatura. Qual ocorre com as etapas do mundo vegetal – sementeira, germinação, crescimento, desenvolvimento, floração, frutificação e colheita –, também os homens, em cada fase, encontram particulares desafios renovadores a serem conquistados.

E sobre o choque de gerações ou conflito de hábitos?

Vive-se atualmente uma profunda transformação nos valores das gerações passadas. Tal mudança acontece a cada século, quando se alteram as tradicionais formas de pensar e viver. Isso não pode ser ignorado, pois as pessoas de uma nova geração caracterizam-se por um jeito singular e diferente de ser e estar, com padrões educacionais, valores e ideologias bem diversos do agrupamento social que as antecedem.

Com essa mudança, nascem as dificuldades de absorver e incorporar usos, costumes, valores culturais, modos de agir, causando empecilhos para discernir o que é e o que não é correto. Isso muitas vezes envolve contestações (morais ou estéticas) e faz com que os indivíduos refutem outros horizontes e não queiram aproximar-se de certos aspectos da nova cultura.

Após deixar o que era habitual ou tradicional para trás, as pessoas têm que reconstruir um caminho original, ressignificando sua maneira de viver, reestruturando sua mentalidade e, obviamente, não aceitando as novidades sem utilizar bom senso, juízo crítico, lógica e discernimento.

Conflitos e enfrentamentos se assemelham às buganvílias quando aparadas: com desígnio e determinação, florescem outra vez e produzem ainda mais flores. Devemos ver as dificuldades como as primaveras: podadas, crescem mais fortes e majestosas, dirigindo-se aos céus com os braços abertos, como forma de louvor à Vida Maior. São agradecimentos das plantas enaltecendo o esplendor da Divindade.

Então, a atual "desestruturação" na área do amor seria um retrocesso ao primitivismo, ou uma crise que nos levará ao crescimento e amadurecimento evolutivo?

Desestruturação nunca foi sinônimo de retrocesso. É necessário considerar que, para desmanchar velhas estruturas, é preciso antes desconstruí-las rumo às novas, pois o verdadeiro declínio consiste em, nessas fases de atribulação, não tirarmos o devido proveito para nosso desenvolvimento íntimo.

A concepção de crise é aplicada em toda situação de transformação física, emocional ou social, que exige do indivíduo um grande esforço para manter a estabilidade psíquica. Corresponde a momentos da vida de uma criatura ou de um grupo em que há fenda em seu equilíbrio psicológico por alteração na maneira habitual de ser, fazer, sentir. Momentos críticos sempre surgem em nossa vida ensejando-nos novas interpretações do mundo, mudanças de regras e de papéis sociais nunca antes questionados.

Buscar Deus no silêncio da alma e com o coração tranquilo é o melhor jeito de nos apaziguarmos nos momentos de crise. Nas ocasiões difíceis e nas horas decisivas, cada ser sentirá no íntimo a dor da solidão.

As flores nativas chamadas anêmonas significam, metaforicamente, solidão ou abandono. De acordo com a lenda grega, quando Vênus chorou na floresta durante a morte de seu amado Adônis, anêmonas brotaram do chão onde suas lágrimas caíram.

Não deixemos "anêmonas da desolação" abafar as novas visões de mundo efetuadas na terra fértil de nosso coração.

Sementes plantadas no seio da terra entram em crise para, logo em seguida, transformarem-se em tão belas flores. Imagine o que produzirá o coração do homem quando compelido a soluções, entendimentos, enfrentamentos e desafios.

Amigo de jornada, quando favoravelmente vivida, a crise caminha em rumo ao progresso e à evolução.

É por essa razão que muitos de nós somos seres inconscientes não só do "passado reencarnatório" como também daquilo que

podemos chamar de "passado cultural"?

A luz de certas estrelas atinge a Terra muito mais tarde aos olhos dos homens. Antes da sua chegada, muitos seres talvez neguem sua existência.

Aí está uma excelente metáfora, ou seja, um meio de criar em nós uma compreensão maior para entender o modo de amar no presente e sua relação histórico-cultural com o modo de amar no passado.

Para compreender a criatura humana, devemos ter certa noção dos ciclos reencarnatórios pelos quais a humanidade atravessou, como também das fases culturais desde o antropoide dominado só pelos instintos até o atual desenvolvimento humano. Nenhuma tentativa de estudar a humanidade pode ignorar essas cadeias de fatos.

As gerações contemporâneas não se consideram herdeiras dos conceitos do passado, não os valorizam e não se dão conta de que eles formataram as raízes das concepções atuais.

Quando olhamos o mundo presos a uma só linha de pensamento, tradição religiosa ou vertente filosófica, interpretamos os fatos e acontecimentos de forma reducionista, em que tudo se explica rapidamente. Portanto, pensar assim, apenas considerando uma face ou um aspecto das coisas, é ter uma visão de mundo simplista, ingênua e imatura.

Diante dessa explicação, a senhora poderia dizer qual a influência da mitologia greco-romana, dos mitos e lendas da Idade Média sobre os conceitos do amor na atualidade?

Contemplando divindades como Afrodite, mitos como o de Eros e Psique, lendas de Guinevere, Lancelote e rei Artur, dramas de Tristão e Isolda e outros tantos, podemos compreender as possíveis origens, significado e construção do amor, do romantismo, e o quanto essas questões influenciaram e ainda regem nossas vidas.

A cosmologia greco-romana formatou conteúdos emocionais que contribuíram para produzir não apenas uma forma conceptual de "amor" no mundo moderno, mas um dinâmico conjunto psicológico – uma combinação de ideais, crenças, valores e expectativas que operam energeticamente na mente dos indivíduos. Tudo isso coexiste no nosso inconsciente, sem percebermos que eles norteiam nossos comportamentos e reações.

Eros, o deus do amor, filho de Afrodite (Vênus) e Ares (Marte), representa a força cósmica da fecundação e multiplicação, e, consequentemente, a perpetuação da vida, provocando estímulo entre os humanos para que se unam. A lenda mais popularizada na civilização ocidental é aquela em que o deus do amor é qualificado como um cupido alado, sinistro, travesso e que jamais cresceu. De acordo com essa versão, Eros se apresenta de olhos vendados, armado com arco e flecha em uma das mãos, e segurando, na outra, um globo, que às vezes é trocado por uma tocha.

Como a senhora poderia interpretar tal simbologia de Eros? Como compreender o significado

de cada ícone emblemático utilizado nessa figura lendária?

O **primeiro emblema** ou símbolo são as asas: uma criança alada, muito ardilosa e matreira, no frescor da juventude, estouvada e temperamental. Essa imagem nos faz entender o quão ingênuo e imaturo é o amor na atual condição evolutiva dos homens, o que nos induz a pensar que ele está distante da idade da razão, sempre impulsivo e inconsequente, guiado apenas pelos ditames dos hormônios.

A **segunda alegoria** é um instrumento ou mecanismo de caça, arco e flecha, sugerindo que o amor é algo que se conquista com coragem e determinação. É uma ferramenta de defesa e ataque, indicando que no amor há agitação constante, um ciclo em que se alternam ora "campos de paz", ora "de batalha". Isso pode ter sido a origem de expressões tão conhecidas como: aprisionado, capturado, cativado, submetido pelo amor.

A **terceira insígnia** é a venda nos olhos, expressando o deslumbramento e a cegueira do amor. Eros nunca vê quem é atingido pelo dardo que "desabrocha o amor"; portanto, brinca e se apossa do outro sem nenhuma responsabilidade. Talvez daí a raiz do velho ditado popular: "o amor é cego" ou "no amor não escolhemos, somos escolhidos".

Por final, o **quarto símbolo**, o globo, é traduzido como a universalidade do amor, que alcança todos os quadrantes da terra, e de cuja ação atuante ninguém se esquiva. O archote, que às vezes toma o lugar do globo, lembra a energia faiscante, tocha ardente e viva do amor; é o fogo que incendeia invariavelmente o imo do ser humano.

Observemos o quanto todos esses símbolos nos guiam internamente o movimento amoroso, na compreensão e vivência sentimental através dos séculos. Em nossa apreciação, podemos assegurar que o amor é vital para a realização e plenitude das criaturas, porque ele é a energia que direciona o sentido da vida e humaniza as relações na medida em que abre espaço no trato com nossos semelhantes.

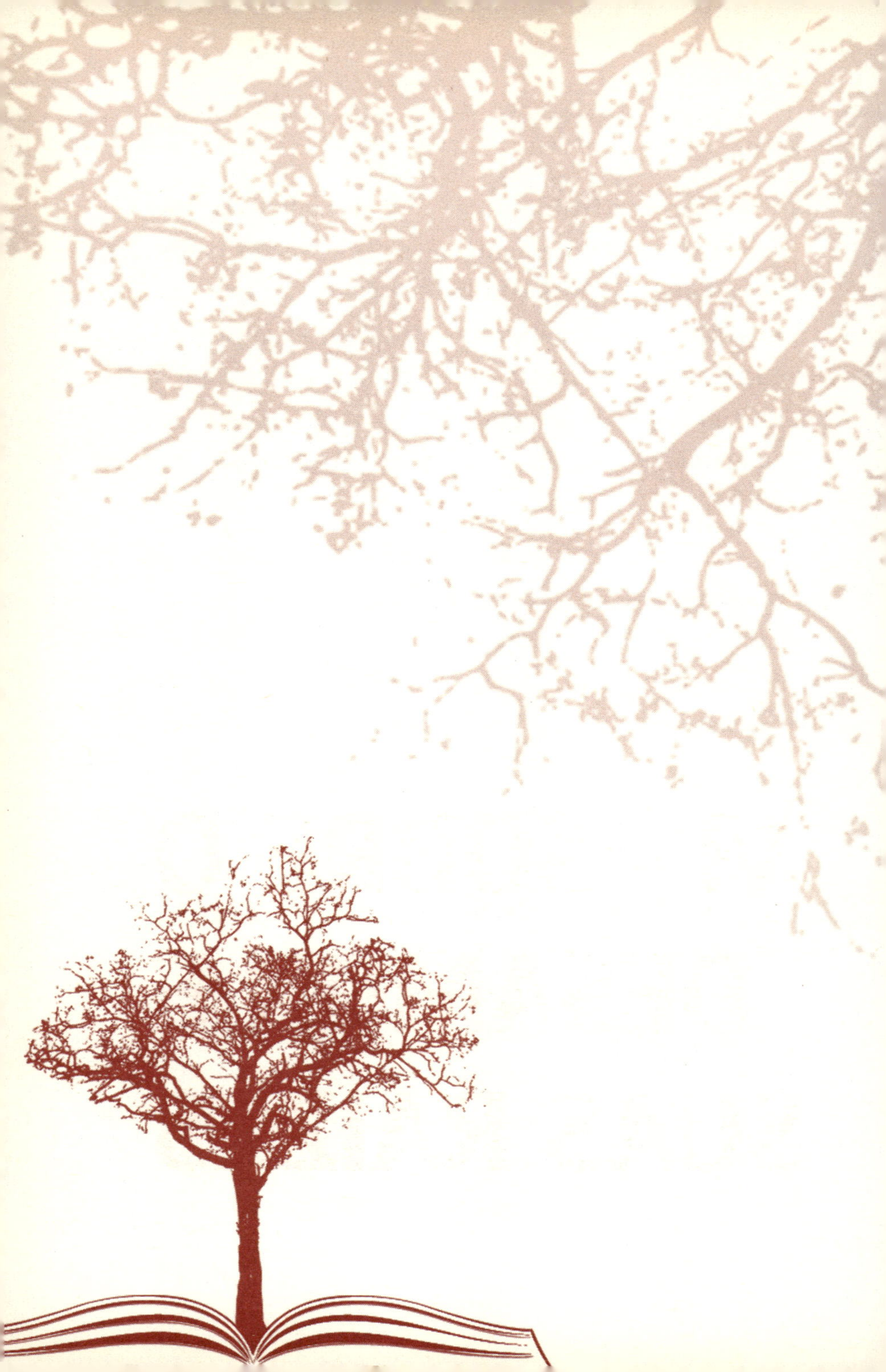

VI - SOBRE O DESAMOR E SUAS RAÍZES

A senhora poderia falar algo sobre o ciúme?

Entendemos que no ciúme existe mais exclusivismo ou exaltação do próprio eu do que amor real e que ele – o ciúme – simplesmente não oferece garantias, visto que a única segurança no amor depende da maneira como o nutrimos.

Coração amigo, uma coisa é evidente e óbvia no amor: sua imprevisibilidade, pois toda relação amorosa traz consigo fatores de risco, incertezas e inseguranças.

O ciúme quer garantir o direito exclusivo sobre a criatura amada, quando na realidade podemos amar um sem-número de pessoas simultaneamente – cônjuges, amigos, familiares e outras tantas mais.

Desejar que alguém viva só para nós é necessidade infantil e egoística que deveria ter ficado no passado durante a meninice.

Algumas pessoas que dizem amar livremente, não são na verdade dependentes afetivas?

Organizar a própria vida em torno da pessoa amada, a ponto de tornar inconcebível a sua existência sem o outro, é uma forma doentia de dependência semelhante à vinculação às drogas ou ao álcool, cujo caráter destrutivo requer ajuda e tratamento. O "mundo inteiro se torna vazio quando você não está ao meu lado" é uma demonstração de escravidão afetiva.

Essa ligação mórbida nega a transitoriedade da vida, faz com que nos apeguemos aos indivíduos, a coisas e situações de que gostamos, e permanecemos assim, ignorando a impermanência de tudo. No "amor maduro", há independência; no "amor carente", não.

Companheiro de jornada, quem ama sem pedir nada já encontrou a estrada da liberdade e a bênção de ser feliz. Estar pendurado em alguém é trazer o peito crestado no fogo do cativeiro.

O que quer dizer codependente?

A palavra codependência é um transtorno emocional definido pela psicoterapia. Atualmente essa conceituação abrange todas as criaturas que convivem com pessoas de difícil trato ou reconhecidamente problemáticas, e se tornam reféns emocionais, amarradas em cadeias sentimentais enfermiças.

Os codependentes tentam "mudar o ser amado": assumem uma espécie de desígnio ou "carma"; acreditam que nasceram para proteger certas pessoas; cuidam desesperadamente dos interesses, resolvem conflitos e tomam para si os encargos diários e a responsabilidade das ações delas, passando assim a sofrer as consequências desse comportamento. No fundo os codependentes acreditam ser onipotentes, quando, na verdade, não possuem poder nem sobre si mesmos, pois estão sujeitos à conduta de outrem.

Lembra-te, alma querida: não dissipes teu tempo em vão; guarda tua energia para aquilo que tem fundamento; não esbanjes tua força física; estuda, aprende, trabalha, aprimora teu coração.

Então é comum codependência nas relações amorosas?

Mais do que se pensa. Na convivência afetiva, a baixa autoestima e a necessidade permanente de controle, de ajudar o outro até a exaustão a resolver problemas e, em seguida, não deixá-lo se responsabilizar por seus atos e atitudes são indícios de amor patológico.

Quando essas relações atingem um ponto de ruptura, a pessoa codependente começa a procurar, de modo não consciente, novos relacionamentos igualmente complicados, eternizando essa situação ou dando início a um novo ciclo de dor e desventuras. Vive num labirinto emocional, temerosa de perder sua "fonte de segurança" mantendo-se presa a um modo torturante de pseudo amor de consequências funestas para a saúde mental.

Alma querida, não se torne um "inocente útil" nas mãos daqueles que te usam indiscriminadamente. Saia da ingenuidade e da ignorância de amar.

O principal obstáculo ao amadurecimento espiritual é viver pedindo carona nas carências e caprichos de outra pessoa, esquecendo-se de buscar a própria realização pessoal.

Quando temos uma forte antipatia por alguém, isso se explica como fato reencarnatório?

Não somente reencarnatório, mas, em inúmeras ocasiões, como ignorada realidade psíquica. Dizem alguns: "não sei por que não gosto dele(a), mas tenho a certeza absoluta de que não gosto".

Em muitas ocasiões a repulsa ou a antipatia podem ser consideradas um ato falho.

Ato falho ou deslize freudiano é um lapso na fala, julgamento, memória ou comportamento proveniente de conteúdos reprimidos ou desejos recalcados referentes a objeto, pessoa ou fato. Isso ilustra bem a evidência de que nenhum sentimento, crítica, pensamento ou palavra ocorrem acidentalmente.

Diante das aversões e antipatias inexplicáveis, mantém a palavra muda e olha para dentro de ti mesmo. Porque, a respeito de todos, somente Deus sabe tudo.

Por que a carência afetiva faz com que nos unamos "ao primeiro ser que aparece"?

Como é impossível pedir que alguém esfomeado a dias selecione bem o que vai comer diante de uma imensa mesa farta, igualmente, na necessidade amorosa, não é possível pedir reflexão e lucidez na escolha afetiva.

Na paixão, somos induzidos a uma vertigem compensatória que parece encobrir qualquer desgosto da vida. Não é tão fácil nos desfazermos de semelhante alegria, entusiasmo, otimismo e bem-estar físico-mental proporcionado por tal euforia. O ébrio da paixão não vê as leis de trânsito do coração: sinal verde – amor, sinal vermelho – paixão.

Por que nunca admitimos que fomos nós que nos enganamos na escolha afetiva?

Porque é imprescindível estar bem resolvido para abrir os olhos e ter discernimento para não se sentir culpado diante de tal evidência. É necessário coragem para afirmar que o amor que se acreditava tão maravilhoso não passava de uma escolha errada. É tarefa árdua de se realizar.

Contudo é preciso considerar: queremos ou não queremos ver, pois, quando abrirmos os olhos e verificarmos o engano, saberemos que vamos ter que enfrentar o problema com determinação e nos autorresponsabilizarmos pela decisão; sem grandes receios de enfrentarmos nova etapa existencial, de sermos autossustentáveis e de seguirmos adiante sem hesitação.

Romper não é tão fácil como se pensa. É por isso que muitas criaturas vivem juntas anos a fio como personagens encarceradas num equívoco, amedrontadas diante da inércia e da indecisão.

Há desuniões em que o rompimento é compreensível, porque a decisão de casar foi precipitada, imposta por terceiros, tomada infantilmente ou apenas para consumar prazeres.

Coração amigo, são inúmeros os desacertos humanos, porém romper é um caso de consciência, e não devemos generalizar receitas porque não existe uma única para todos.

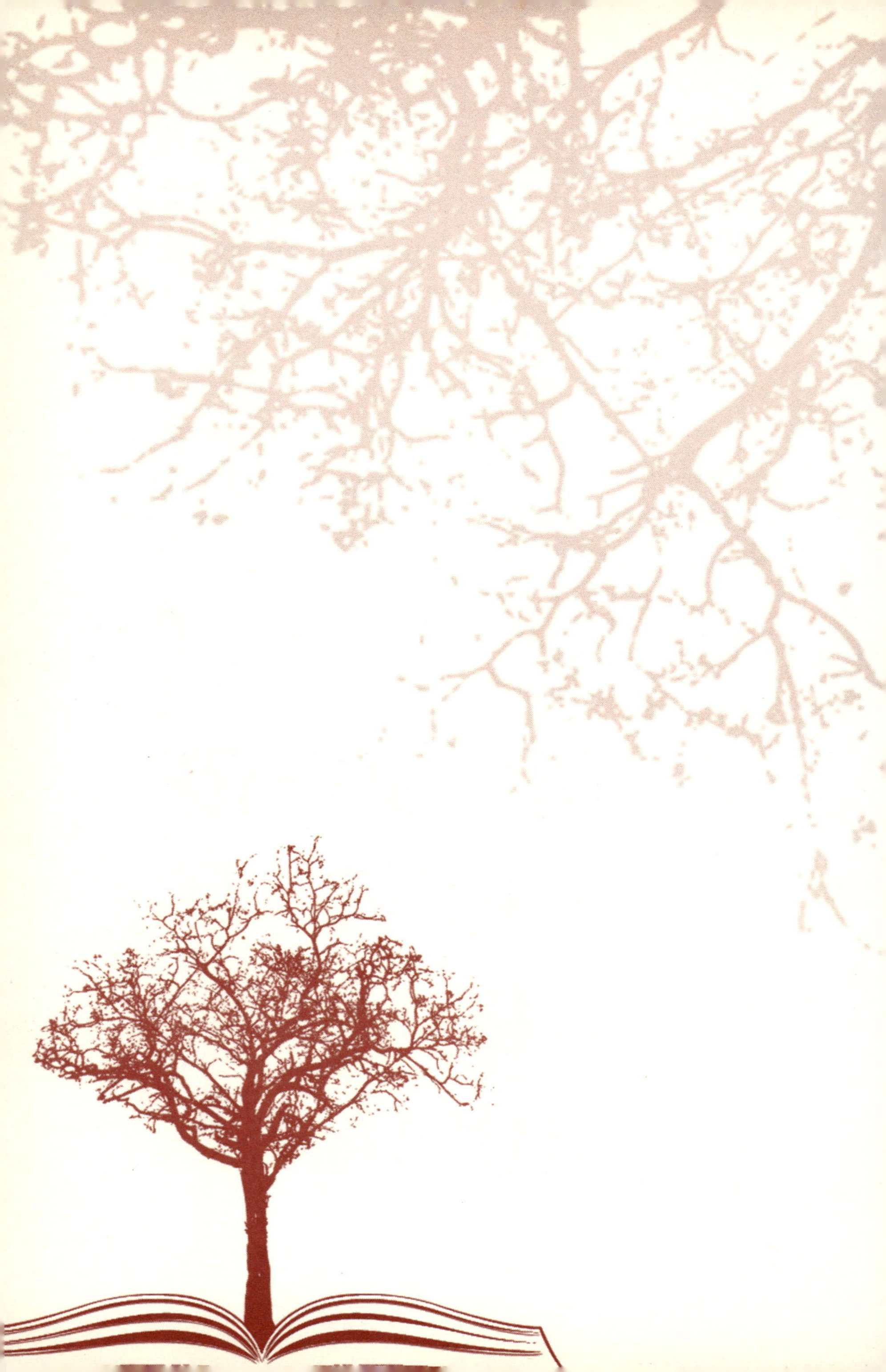

VII - SOBRE OS REVESES NAS RELAÇÕES HUMANAS

O que é idealização amorosa?

Idealização amorosa é imaginar como deveria ser um relacionamento afetivo, ou também criar na imaginação, fantasiar, como o indivíduo a quem se ama precisa ser, seja ele pai, irmão, cônjuge, amigo, etc.

Idealização é um comportamento emocional pelo qual o objeto de amor é engrandecido até a perfeição, e a perda ou abandono dele redundaria no desmoronamento da própria vida.

A idealização afetiva, nas mais diversas circunstâncias, são ilusões que se desfazem com o tempo, dando lugar às convivências estáveis e duradouras.

Se a criatura carregar no fundo da alma a sua própria lanterna, não se iludirá facilmente e não mais será ameaçada pela fascinação.

O que quer dizer paixão cega?

É um estado inconsciente de desassossego mental no qual as funções do pensamento, da razão e do discernimento ficam alteradas. A casa íntima não sossega, não fica parada, o dia a dia é mensurado e qualificado em "estar ou não com o ser amado".

Quando se fala de paixão, usamos comumente a frase: "estou loucamente apaixonado (a)". Aliás, a frase bem retrata o que está acontecendo. Perde-se a ponderação, e o que prevalece é a emocionalidade.

A paixão desenvolve-se no chão da ilusão e fenece diante da realidade, que é enfim o seu algoz. Paixão é diferente do amor verdadeiro, que se traduz em calma, fonte de sustento e serenidade.

Companheiro de jornada, dos dramas e venturas amorosas na Terra, eis a mais lúcida explicação que constatei: cada qual encontra no amor aquilo que traz dentro do próprio coração.

Por que as pessoas costumam dizer "não tenho sorte no amor"?

Amar não é um "bilhete da sorte", nem somente débitos e créditos cármicos, nem fruto de magia ou sedução, prêmio e azar. É antes de tudo a conscientização de que nascemos para aprender a amar, o que fica subentendido que somos ignorantes em lidar com o sentimento afetivo.

O ato de amar não pode ser compreendido como loteria, em que se compra um bilhete premiado, ou simplesmente compromissos de vidas passadas. Se assim entendido, justificaria abusos, maus tratos e falta de sorte na escolha afetiva.

O amor saudável não fere nem confunde os semelhantes, nem os deprecia ou os anula. Por fim, é bom saber de cor que Deus, em matéria de amor, não nos pede o impossível; só espera que façamos aquilo que é de nossa alçada.

A senhora pode nos apontar as raízes da relação que estabelecemos entre amor e dor?

Será que o ato de amar está ligado intrinsecamente com a dor? Será que a dor é inerente ao amor?

O amor não dói. Amor cura e equilibra. O que dói no amar é o apego e a possessividade. E o que nos faz sofrer são as crenças açucaradas e sentimentaloides que desenvolvemos ao longo do tempo.

Na relação imatura ou ingênua, o sofrimento toma conta de nosso mundo interior e passamos a acreditar que o que está nos fazendo sofrer é alguém que partiu e não correspondeu ao nosso afeto. Mas, na verdade, o que pode nos trazer aflição é a ignorância sobre o amor e a forma equivocada de nos relacionarmos, o que provavelmente levou Luís Vaz de Camões a escrever:

"Amor é fogo que arde sem se ver;

É ferida que dói e não se sente;

É um contentamento descontente;

É dor que desatina sem doer".

Quem ama de forma madura, quando se vê envolto numa crise relacional, sente desgosto ou angústia, o que é natural. Às vezes, até uma inconformação ou ressentimento, o que também é normal. Entretanto, se estudar e entender o fenômeno amoroso com lucidez, tornando o amor como objeto de discernimento mais profundo, com certeza seguirá em frente usando sua capacidade adulta de amar, reequilibrando-se em breve, mesmo ainda machucado.

Há alguma probabilidade de mudarmos o outro?

Felizmente somos criaturas semelhantes em certos aspectos e muito desiguais em outros.

São as diferenças que nos fazem ser o que somos e que nos motivam a seguir a direção de que necessitamos para crescer. Ser normal não quer dizer que precisamos abdicar de nossa singularidade para ficarmos iguais a todo mundo.

Quando decidimos mudar as pessoas aos empurrões, somente encontramos frustração e desapontamento. Quando a ventania da mudança sopra em direção dos indivíduos que não a querem, eles levantam obstáculos; quando sopra para o lado dos que a aceitam, eles constroem moendas produtivas para triturar (assimilar) os novos ensinos.

Depois de minha viagem para as Estâncias do além-túmulo, já não tenho mais ousadia de forçar a mudança de alguém. A Divina Providência é, como o tempo, um mestre perfeito: burila, aprimora e norteia; e ensina a todos nós sem dizer palavra alguma.

Alma querida, o Criador não nos pede o impossível, porque o impossível é querer mudar os outros. Deus só nos pede transformar a nós mesmos; aliás, é o que cada um pode e deve fazer.

Como nos livrar do medo de amar?

Aquilo que comumente costumamos denominar de amor nada mais é do que um aspecto parcial ou aparência limitada do amor real.

A maioria dos medos de amar tem sua origem nas carências ou nas exigências afetivas. Todos nós trazemos uma espécie de desequilíbrio emocional carimbado em nossa alma, fruto das vidas passadas ou presentes.

O medo de amar surge na busca obstinada de um amor perfeito e exigente ou, ao contrário, na carência de buscar qualquer parceiro ou na necessidade afetiva de ser amado a qualquer preço.

As reivindicações de um amor excelente e perfeito redundam quase sempre em decepções e desilusões, bem como o amor autodesvalorizado e a baixa autoestima se transformam no futuro em medo e desengano que se instalam no coração das criaturas.

Para ilustrar, podemos citar as alfazemas, que exalam seu perfume natural e se realizam por serem o que são. Elas se sentem plenas por irradiarem os aromas suaves e agradáveis que lhes são peculiares, fazem parte de sua essência. Supondo-se que uma alfazema que tivesse sido muito exaltada e elogiada e, por vaidade, começasse a se comparar com outras flores e cobiçasse ter igualmente o perfume dos lírios e dos cravos. Com certeza aí seria o começo de seu medo e de seu mundo de sofrimentos.

Irmão de caminhada, o medo de amar está sempre relacionado com a supervalorização ou com a desvalorização de ser o que se é.

Há "vida" após a desilusão amorosa?

Obviamente que há! Se a criatura não ficar se lastimando e se condoendo; se não continuar insistindo obstinadamente em amores impossíveis, nem mais se fixar em causas perdidas, logo perceberá que a separação é uma oportunidade de crescimento para reencontrar a si mesma e para curar ilusões afetivas.

O mito romântico nos faz acreditar na escolha sem erro de um único amor para toda a vida. Fomos criados ouvindo histórias de fadas, atribuindo no começo do enamoramento relações com príncipes ou princesas (amores do pretérito). Depois de algum tempo, eles viram sapos (desafetos de vidas passadas). Isso pode ser verdade, mas também pode revelar percepções distorcidas que só estavam na mente de quem as criou.

Alma amiga, sempre vale a pena voltar a amar. Observa que o diamante não se desvaloriza ao ser abandonado no limo.

O que fazer quando a relação afetiva nos faz mal?

Quando já tentamos de tudo; quando as conversas foram infrutíferas; quando deixamos as coisas claras; quando a criatura ainda continua afrontando diretamente nossas convicções éticas e valores individuais, só há uma solução: cortar relações.

Há pessoas estritamente cegas no tocante aos próprios defeitos. Tendem a encarar de maneira bruta e inamistosa qualquer análise ao seu jeito de ser, mantendo uma autodefesa absurda e irracional. Tudo interpretam como ofensa pessoal, extrapolando todos os limites da tolerância.

O amor precisa começar em nós mesmos para ir além da fronteira da própria alma. Uniões perigosas que vivem em "solidão lado a lado" não representam amor de verdade, mas equívocos protelados.

A senhora não acha que essa atitude estimularia o divórcio?

Em "O Evangelho Segundo o Espiritismo",

capítulo XXII, Kardec comenta: "O divórcio é uma lei humana que tem por fim separar legalmente o que já está separado de fato; não é contrária à Lei de Deus, uma vez que não reforma senão o que os homens fizeram."[1]

Apenas o coração sofrido pode fazer o autojulgamento e decidir se quer continuar ou romper a comunhão da vida a dois. O Espiritismo não é contrário à instituição do divórcio, embora não o estimule, nem tampouco o encoraje aos casais conflitados.

Diz Hammed: "Declarar de modo geral que o divórcio é sempre errado é tão incorreto quanto assegurar que está sempre certo"[2].

O que quer dizer resiliência afetiva?

Resiliência é um conceito oriundo da física,

---

[1] O Evangelho Seg. o Espiritismo, cap. XXII, item 5, Boa Nova Editora.
[2] As Dores da Alma, cap. Solidão, pág. 89, Boa Nova Editora.

que se refere à propriedade de que são dotados alguns materiais de acumular energia depois de terem sofrido um impacto. Cessada a tensão, eles conseguem recuperar sem ruptura a sua forma original.

Atualmente o termo é usado para denominar a capacidade que algumas pessoas têm para transformar suas vidas e se recuperarem de estresses emocionais denominados "pancadas que deixam marcas invisíveis" – a violência velada.

Coração amigo, às vezes os desatinos da vida nos fazem andar sobre a lama; no entanto, isso não é declínio nem fracasso, pois ruína é fazer da lama o motivo da própria vida.

Até quando sofrer na relação que causa devassidão e desapontamento?

Uma convivência amorosa não causa amargura, não machuca, não gera maus-tratos, não perturba os parceiros, nem os põe para baixo; antes os valoriza.

Amar e ser amado é o que todos os seres buscam; no entanto, há de ser uma via de mão dupla – regime que admite trânsito em dois sentidos. Porém, se isso não acontecer, a vida a dois se constituirá numa letargia afetiva, entre desprezos e humilhações constantes de ter que pedir carinho ao parceiro.

Com o tempo, estar mal na relação se torna um costume, porém suportamos algo assim enquanto a "pressão interna" for menor que a "pressão externa"; toleramos, suplicamos e nos penalizamos até certo ponto. Aliás, não decidimos mudar quando sofremos, mas quando estamos exaustos de tanto sofrer.

A reencarnação não nos pede padecimento passivo, mas aprendizagem ativa. As leis reencarnatórias manifestam-se sempre em forma de conhecimento, pois cada criatura renasce para aprender com a própria vida.

O que é fusão de papéis no relacionamento afetivo?

Na cinematografia, fusão de imagens quer dizer o desaparecimento gradativo de uma figura e, simultaneamente, o surgimento de outra.

Ressignificando este termo para o afeto, podemos dizer que não devemos nos dissolver no parceiro afetivo, mas empregar uma dosagem racional entre o amor e a individualidade, vivendo juntos, porém livres para o crescimento pessoal/espiritual.

Nas relações afetivas, a própria identidade é a melhor defesa. Todo casal precisa dosar a união, e não se unir a ponto de diluir-se no outro. A "invasão de privacidade" é golpe que aniquila as relações; já o respeito à "privacidade" é a couraça que perpetua a vida do casal.

Numa discussão na vida a dois, o grito é apenas falta de argumento?

Necessariamente não; é também o som da aflição, do medo, da brutalidade, da insegurança e de tantas outras coisas... É um esforço exaltado de querer convencer ou chamar a razão para si.

Quando existe amor, a inflexão de voz tem doçura; quando não há esse sentimento, a entonação tem a marca da aspereza. O tom é tão importante quanto aquilo que se conversa.

Contam os antigos sábios orientais que "quando dois corações estão aos gritos na discussão, as almas se afastam, e eles gritam para que possam ser ouvidos, pois a distância entre ambos é enorme. E quanto mais alterados ficarem, maior ainda será o espaço entre eles; portanto, mais forte terão que gritar.

Quando dois corações se amam realmente, não gritam; ao contrário, conversam suavemente. Suas almas se escutam naturalmente, estão muito perto. A distância entre elas é pequena".

Quando se perpetua a violência doméstica?

Criaturas perpetuam a violência doméstica quando se tornam inconscientemente cúmplices dos maus-tratos que recebem.

Muitas delas tendem a adulterar ou falsear a brutalidade, dando nova aparência ao ato agressivo. Creem que apanhar seja uma demonstração de ciúme. Isso quando não se culpam pelo acontecimento: "eu devia me silenciar naquele momento".

Não percebem de forma consciente que, quando propõem acordos ou pactos com seu agressor, eternizam a situação. São essas atitudes ambíguas que estimulam o outro a ter um comportamento cada vez mais hostil.

Tornam-se "sócias dos atos violentos": atracam-se física e emocionalmente; depois fazem as pazes como se nada houvesse acontecido e se entregam de novo a agressividade, reiniciando o círculo vicioso da estupidez.

São pessoas omissas e de índole frágil. Tendem a mobilizar parentes e amigos na esperança de que eles tomem a decisão que só a elas cabe, esquecendo-se de que são as únicas responsáveis na busca da solução de seus conflitos domésticos.

Num casal, sempre existe aquele que ama mais que o outro?

Comumente a palavra crença esta associada à religião e nos sugere fé. Mas podemos também entender por crença as generalizações que fazemos sobre outros, sobre o mundo e sobre nós mesmos.

Crenças, mensagens gravadas em nossa alma, padrões de pensamentos adquiridos através dos tempos precisam ser analisados dentro de um conjunto mais amplo – social, cultural, político e econômico.

Essa crença limitadora que afirma: "sempre existe aquele que ama mais que o outro" faz com que muitos de nós fiquemos atados por tempo demais em histórias de amor impossíveis, porque queremos provar que podemos fazer com que o outro nos ame o tanto quanto o amamos, ou mesmo, nos ame mais e melhor, quando, na realidade, o outro não quer ou não pode.

Suportamos humilhações e indiferenças. Uma relação em que um dá muito e o outro, pouco, só tem um resultado: desequilíbrio. No amor, tudo é compartilhado, principalmente os sentimentos.

Afirmam algumas pessoas: "se este amor é obsessão, quero amar-te mesmo assim". O que a senhora pode dizer sobre isso?

Há matrimônios e matrimônios... Existem infinitas gradações de consórcios na vida terrestre e na espiritual, nas quais prevalecem características e atributos singulares, que estão acima das linhas morfológicas do envoltório físico.

Através dessas ligações, seres encarnados

ou desencarnados se alimentam mutuamente de nutrientes específicos que cada um necessita.

O que é alimento para uns, para outros é veneno. Aquilo que serve de nutrição e de conforto para certo tipo de criatura, deve ser quase tóxico para outro diferente.

Qual a diferença entre a obsessão passional e a espiritual?

Na obsessão passional, o pensamento compulsivo invade o relacionamento e o parceiro afetivo passa a ser o centro do universo. Tudo gira em torno dele de modo constante e patológico. A carência é tão intensa, e o medo de perdê-lo é tão desequilibrante que toda energia é consumida incessantemente.

As outras áreas da vida – estudo, família, religião, amigos e trabalho – perdem o foco de interesse, pois tudo converge para o outro. São tempos de desatenção e intranquilidade.

A necessidade é como a água salgada: quanto mais se bebe, mais sede se tem. O prato está sempre vazio apesar de vermos o alimento em seu fundo.

Uma obsessão passional pode ser recorrente de uma obsessão espiritual e vice-versa. Os espíritos desequilibrados que estão ao nosso redor apenas exploram nossas carências e fraquezas. São "caricaturistas astrais", buscam pontos frágeis e sentimentos descompensados para deformá-los e exagerá-los ainda mais, estimulando assim constantes pensamentos intrusivos e ruminantes da área em questão.

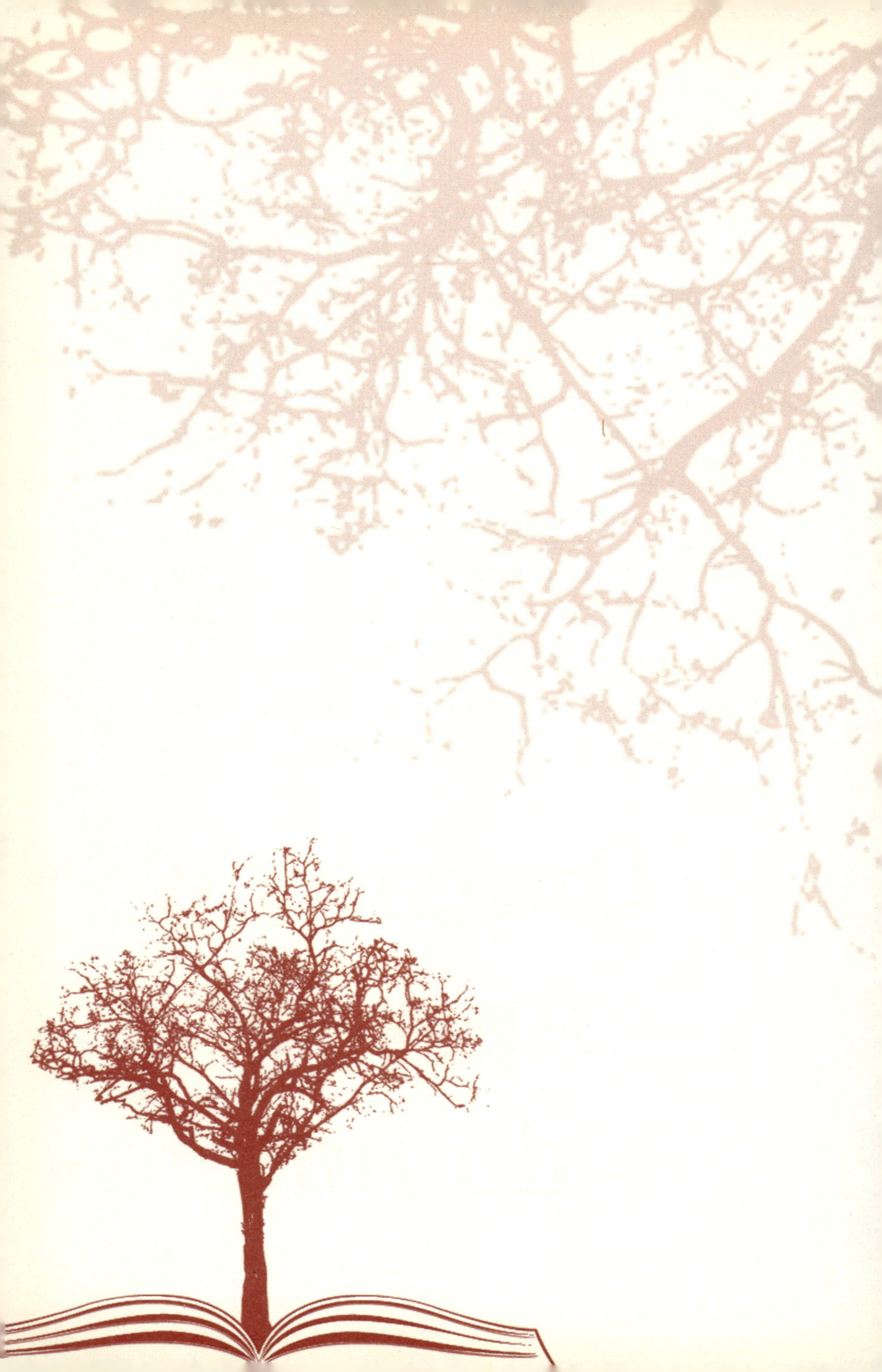

Oração do Aprendiz do Amor

Senhor!... Sublime Educador de nossas almas.

No limiar desta prece, estamos recolhidos interiormente, suplicando-te lucidez para que possamos viver amando em harmonia com os teus superiores desígnios.

Cristo de Deus! Somente Tu conheces a complexidade humana...

Ensina-nos a ciência do afeto e as técnicas do "peito aberto"...

Sabemos da necessidade primitiva de estarmos afetivamente ligados ao coração de alguém; nem por isso devemos cair nos relacionamentos de olhos fechados. Assim sendo, aceita-nos como aprendizes para que consigamos aprimorar nossa aptidão afetiva.

Mestre, muitos de nós trazemos a ideia de amar carregada dos espectros da paixão, medo, fusão, desengano, perfeccionismo, e, por esse motivo, em muitas ocasiões nos "abarrotamos de amor", tentando suprir o "vazio interior" causado por essas atribulações, sem pensar em consequências...

Portanto, quando fraquejarmos – e sabemos que isso acontecerá muitas vezes –, socorre-nos, Cristo Jesus, para que possamos nos recompor e seguir adiante.

Certa vez, em casa de Simão, o fariseu, não menosprezaste a mulher decaída, antes a ajudaste dizendo: "Muito lhe foi perdoado porque muito amou, mas a quem pouco se perdoa, é porque pouco ama". Teu ensino foi: o amor foi feito para acolher, não para julgar os outros alçado num pedestal dourado.

Muitos de nós amamos à semelhança das crianças carentes, choramingando e fazendo birra para serem notadas e queridas, às vezes por um coração insensível, aceitando humilhações com obediência infantil...

Não permitas, Amigo Celeste, que o desrespeito e a brutalidade alheia nos tornem frios e indiferentes diante do amor.

Senhor Jesus, no final de cada dia, quando nos recolhermos em prece, que possamos fazer uma reflexão sobre nós mesmos e dizer com tranquilidade: hoje exercitei um pouco mais a arte de amar...

Obrigado, Senhor, por tudo que nos tens inspirado!

Hammed

Lourdes Catherine

Lourdes Catherine é uma amiga e benfeitora espiritual que se dedica à divulgação do Bem à luz do Evangelho redentor.

Pseudônimo de Catherine de Vertus, viveu no século XVII e pertenceu a uma família aristocrática da Bretanha (França). Em 1669, tornou-se noviça no convento de Port-Royal des Champs (vale de Chevreuse), a fim de compreender Deus, através do retiro junto à Natureza, e de reencontrá-Lo no santuário da própria alma. Ideal que se concretizou plenamente. Nunca pôde, no entanto, fazer os votos definitivos em razão da fragilidade de sua saúde, que a impedia de ir mais adiante com as regras daquela ordem religiosa.

Participou ativamente das "Petites-Écoles" fundadas pelos mestres de Port-Royal. Partilhou da amizade de várias personalidades religiosas, de pensadores e escritores famosos de Paris.

Dedicou-se não somente à religião, mas às letras e à arte com entusiasmo e grande empenho.

No século XIX, em sua mais recente encarnação, viveu em Bordeaux, onde se tornou espírita convicta, após assistir a uma palestra de Allan Kardec em 1861, por ocasião de sua visita de divulgação doutrinária àquela cidade, no sul da França. A partir desse encontro com o mestre de Lyon, prossegue, ininterruptamente, a tarefa de orientar as criaturas para Jesus, através do Espiritismo.

De Planos mais Altos, Lourdes Catherine continua entregando seu coração em favor daqueles que aspiram seguir em direção da Espiritualidade Superior e incentivando a fé cristã em todos os que trabalham para a edificação de um Mundo Melhor.

Francisco do Espírito Santo Neto

Nascido em Catanduva, filho de Antonio e Zenaide Hernandez do Espírito Santo, Quico cursou Estudos Sociais, Administração de Empresas e possui formação em Programação Neurolinguística.

Desde a infância se comunica com os Espíritos e há mais de 30 anos fundou a Sociedade Boa Nova, que beneficia crianças, idosas e milhares de doentes e outros necessitados. Ainda hoje, dirige todas as suas atividades, além de presidir também a Boa Nova Editora e Distribuidora de Livros Espíritas, entidade sem fins lucrativos, com mais de 100 publicações e mais de dois milhões de exemplares vendidos em todo o mundo. Além disso, o médium trabalha ativamente na divulgação do Espiritismo, não apenas pela psicografia como também através de palestras em todo o Brasil e exterior.

Em 1997, sob orientação de seu mentor espiritual, Hammed, Quico publicou o primeiro livro psicografado: Renovando Atitudes. Atualmente, são mais de 10 livros, que superam um milhão de exemplares vendidos. Vale destacar que os direitos autorais de todas as publicações são cedidos por ele para manutenção de atividades sociais, visto que os Espíritos, obviamente, nada cobram por suas obras e têm como único objetivo a divulgação da doutrina espírita.

OUTRAS OBRAS DO MÉDIUM

Renovando Atitudes (1997)

As Dores da Alma (1998)

Conviver e Melhorar (1999)

A Imensidão dos Sentidos (2000)

Os Prazeres da Alma (2003)

Um Modo de Entender - Uma Nova Forma de Viver (2004)

La Fontaine e o Comportamento Humano (2007)

Lucidez – a Luz que Acende na Alma (2008)

Adolescência – Causa da (In)Felicidade (2010)

Estamos Prontos – Reflexões Sobre o Desenvolvimento do Espírito Através dos Tempos (2012)